Dominique Grandguillot

L'essentiel *du* Droit du travail

20e édition
2020

Gualino
une marque de Lextenso

LES CARRÉS

Cette collection de livres présente de manière synthétique, rigoureuse et pratique l'ensemble des connaissances que l'étudiant doit posséder sur le sujet traité. Elle couvre :
- le Droit et la Science Politique ;
- les Sciences économiques ;
- les Sciences de gestion ;
- les concours de la Fonction publique.

Dominique Grandguillot, a plusieurs années d'expérience dans la formation supérieure. Il est auteur de nombreux ouvrages dans le domaine juridique.

Du même auteur, chez le même éditeur

Collection « Mémentos »

– *Institutions politiques et administratives de la France*, 9e éd. 2017-2018.

Collection « Carrés Rouge »

– *L'essentiel du Droit du travail*, 20e éd. 2020.
– *L'essentiel du Droit de la Sécurité sociale*, 19e éd. 2020.
– *L'essentiel des Institutions politiques et administratives de la France*, 16e éd. à paraître.

Collection « En Poche »

– *Social*, 2020 (édition annuelle en janvier).
– *Paie*, 2020 (édition annuelle en janvier).
– *Institutions de l'Union européenne*, 10e éd. 2018-2019.
– *Défenseur des droits*.

1, Parvis de La Défense
92044 Paris La Défense Cedex
ISBN 978 - 2 - 297 - 09062 - 9
ISSN 1288-8206

Suivez-nous sur www.gualino.fr

Contactez-nous gualino@lextenso.fr

PRÉSENTATION

Le droit du travail et le droit de la protection sociale occupent une part importante de notre vie. L'ensemble des connaissances nécessaires à la compréhension de la réglementation sociale est présenté dans cet ouvrage, de façon claire et synthétique.

Il intègre les textes législatifs et réglementaires les plus récents, notamment la loi pour la liberté de choisir son avenir professionnel ainsi que la loi relative à la croissance et à la transformation des entreprises dite loi *PACTE*…

Le livre est structuré en deux grandes parties :

- la première sur le ***droit du travail*** traite des différents acteurs de la vie sociale, de la formation en alternance, de la formation professionnelle, de l'embauche, des différents contrats de travail, des modes de rupture du contrat de travail, des conditions de travail (durée du travail, congé…), du salaire, de la représentation collective des salariés et des conflits individuels et collectifs ;
- la deuxième sur le ***droit de la protection sociale*** traite de la Sécurité sociale, des différentes prestations existantes (maladie, maternité, invalidité, accident du travail, vieillesse…), de la prévoyance dans l'entreprise, de la retraite complémentaire et de l'indemnisation des salariés sans emploi.

Cette 20e édition entièrement à jour à début 2020 s'adresse à tout candidat à un examen comportant une épreuve sur le droit du travail et le droit social. Ce livre concerne aussi tous les acteurs de la vie sociale.

Liste des abréviations utilisées

AFF : Allocation de fin de formation
AGFF : Association pour la gestion du Fonds de financement de l'AGIRC et de l'ARRCO
ACOSS : Agence centrale des organismes de Sécurité sociale
AGIRC : Association générale des institutions de retraite des cadres
AGS : Association pour la gestion du régime de garantie des créances des salariés
ARE : Allocation d'aide au retour à l'emploi
ARRCO : Association des régimes de retraites complémentaires
ASP : Allocation de sécurisation professionnelle
ASS : Allocation de solidarité spécifique
AT : Accident du travail
CAE : Contrat d'accompagnement dans l'emploi
CAF : Caisse d'allocations familiales
CARSAT : Caisse d'assurance retraite et de la santé au travail
CC : Convention collective
CDD : Contrat à durée déterminée
CDI : Contrat à durée indéterminée
CEC : Compte d'engagement citoyen
CET : Compte épargne-temps
CFA : Centre de formation d'apprentis
CIE : Contrat initiative-emploi
CNAM : Caisse nationale d'assurance maladie
CNAF : Caisse nationale d'allocations familiales
CNAVTS : Caisse nationale d'assurance vieillesse des travailleurs salariés
CPA : Compte personnel d'activité
CPF : Compte personnel de formation
C2P : Compte professionnel de prévention
CPAM : Caisse primaire d'assurance maladie
CSE : Comité social et économique
CSP : Contrat de sécurisation professionnelle
CTT : Contrat de travail temporaire
CUI : Contrat unique d'insertion
DIRECCTE : Direction régionale des entreprises, de la concurrence, de la consommation, du travail et de l'emploi
DPAE : Déclaration préalable à l'embauche
ETT : Entreprise de travail temporaire
GPEC : Gestion prévisionnelle des emplois et des compétences
IJ : Indemnité journalière
MP : Maladie professionnelle
OFII : Office français de l'immigration et de l'intégration
OIT : Organisation internationale du travail
OPCO : Opérateur de compétences
ORE : Offre raisonnable d'emploi
PACS : Pacte civil de solidarité
PA : Prime d'activité
PEC : Parcours emploi compétences
PEE : Plan d'épargne entreprise
PEI : Plan d'épargne interentreprise
PERE : Plan d'épargne retraite d'entreprise
PPAE : Projet personnalisé d'accès à l'emploi
PSE : Plan de sauvegarde de l'emploi
PUMA : Protection maladie universelle
RI : Règlement intérieur
RSA : Revenu de solidarité active
RTT : Réduction du temps de travail
SMIC : Salaire minimum interprofessionnel de croissance
SPE : Service public de l'emploi
TPE : Très petites entreprises
UCANSS : Union des caisses nationales de Sécurité sociale
UNEDIC : Union nationale interprofessionnelle pour l'emploi dans l'industrie et le commerce
URSSAF : Union de recouvrement des cotisations de Sécurité sociale et d'allocations familiales

SOMMAIRE

SOMMAIRE

SOMMAIRE

SOMMAIRE

SOMMAIRE

PARTIE 2
Le droit de la protection sociale

Les sources du droit du travail

Chapitre 1

Les sources du droit du travail sont multiples : étatique, conventionnelle, contractuelle, jurisprudentielle, communautaire. Elles sont d'importance inégale mais concourent toutes à définir le droit applicable aux relations entre les employeurs et les salariés.

Le droit du travail réglemente les relations de travail entre employeurs et salariés.

Il peut se définir comme l'ensemble des règles juridiques applicables aux relations individuelles et collectives qui naissent entre les employeurs privés et ceux qui travaillent sous leur autorité moyennant une rémunération appelée salaire. Il règle à la fois les aspects individuels du travail nés du contrat de travail (la formation du contrat de travail, la rémunération, le licenciement…) et les aspects collectifs du travail (les institutions représentatives du personnel, le droit à la négociation…).

La relation contractuelle étant largement favorable à l'employeur, le but du droit du travail est de rétablir l'équilibre entre le salarié et l'employeur. Le droit du travail est le droit protecteur du salarié. Il a pour but l'amélioration de la condition salariale.

Le droit du travail s'applique à l'ensemble des salariés du secteur privé, ainsi qu'aux salariés du secteur public ou nationalisé à caractère industriel ou commercial non soumis à un statut particulier. Les fonctionnaires ont un régime particulier : le statut de la fonction publique. Ils dépendent du droit administratif.

Le droit du travail a les caractéristiques suivantes :

- ***un droit récent*** : il est né au milieu du XIXe siècle ;
- ***un droit autonome*** : il a ses propres tribunaux ;
- ***un droit évolutif*** : il a d'abord été un droit octroyé pour devenir essentiellement un droit négocié. Il s'adapte à l'évolution sociale et économique.

1 L'évolution historique du droit du travail

L'ancien régime

– De l'Antiquité (l'esclavage) au Moyen Âge (le servage) le travailleur n'a aucun droit. Avec l'apparition des corporations au XIe siècle la situation s'améliore légèrement pour les compagnons et apprentis.

La révolution française de 1789

– La révolution française de 1789 pose le principe fondamental de la liberté du travail (décret Allarde). En conséquence elle interdit tout groupement professionnel (loi Le Chapelier). Elle libère l'individu mais isole le travailleur face à l'employeur.

– La révolution industrielle accentue la détérioration de la situation du travailleur (salaire, conditions de travail, hygiène…), d'où la nécessité d'une législation protégeant ce dernier.

La naissance de la législation sociale

1841 – Réduction de la durée du travail des enfants.
1864 – Reconnaissance du droit de grève.
1874 – Création de l'inspection du travail.
1884 – Reconnaissance de la liberté syndicale.
1906 – Code du travail – Institution du repos hebdomadaire obligatoire.
1928 – Création des assurances sociales.
1936 – Accords de Matignon : semaine de 40 h – 2 semaines de congés payés – délégués du personnel.
1945 – Création de la Sécurité sociale – Institution des comités d'entreprise.
1950 – Loi sur les conventions collectives – Création du SMIG.
1956 – 3 semaines de congés payés.
1958 – Création de l'assurance chômage (UNEDIC et ASSEDIC).
1962 – Retraite complémentaire pour tous les salariés.
1967 – Participation aux résultats – Création de l'ANPE.
1968 – Accords de Grenelle : revalorisation des salaires – Reconnaissance de la section syndicale.
1969 – 4 semaines de congés payés.
1971 – Loi sur la formation professionnelle continue.
1978 – Loi sur la mensualisation des salaires.
1982 – Semaine de 39 heures – 5 semaines de congés payés – Retraite à 60 ans – Lois Auroux.
2000 – 1er janvier 2000 : passage aux 35 heures pour les entreprises de plus de 20 salariés.
2002 – 1er janvier 2002 : passage aux 35 heures pour les entreprises de 20 salariés et moins.
2003 – Réforme du système de retraite.
2004 – Loi relative à la formation professionnelle tout au long de la vie et au dialogue social.
2005 – Loi portant réforme de l'organisation du temps de travail dans l'entreprise.
2007 – Loi de modernisation du dialogue social.
2009 – Loi réaffirmant le principe du repos dominical et adaptant les dérogations à ce principe.
2010 – Loi portant réforme du système des retraites.
2011 – Loi relative à l'organisation de la médecine du travail.
2013 – Loi relative à la sécurisation de l'emploi.
2014 – Loi garantissant l'avenir et la justice du système de retraites.
– Loi relative à la formation professionnelle, à l'emploi et à la démocratie sociale.
– Loi pour l'égalité réelle entre les femmes et les hommes.

2015 – Loi pour la croissance, l'activité et l'égalité des chances économiques (loi *Macron*).
– Loi relative au dialogue social et à l'emploi (loi *Rebsamen*).

2016 – Ordonnance relative à la désignation des conseillers prud'hommes.
– Loi relative au travail, à la modernisation du dialogue social et à la sécurisation des parcours professionnels (loi *El Khomri* ou loi *Travail*).

2017 – Ordonnances réformant le Code du travail : ordonnance relative au renforcement de la négociation collective, ordonnance relative à la nouvelle organisation du dialogue social et favorisant l'exercice et la valorisation des responsabilités syndicales, ordonnance relative à la prévisibilité et à la sécurisation des relations de travail, ordonnance portant diverses mesures relatives au cadre de la négociation collective, ordonnance relative à la prévention et à la prise en compte des effets de l'exposition à certains facteurs de risques professionnels et au compte professionnel de prévention, ordonnance visant à compléter et mettre en cohérence les dispositions des précédentes ordonnances.

2018 – Loi de ratification des ordonnances réformant le Code du travail.
– Loi pour la liberté de choisir son avenir professionnel.

2019 – Loi relative à la croissance et à la transformation des entreprises, dite loi *PACTE*.
– Loi portant mesures d'urgence économiques et sociales.

2 Les sources du droit du travail

Les sources nationales	
La Constitution	La Constitution de 1958 consacre un certain nombre de droits économiques et sociaux : le droit de grève, la liberté syndicale, le droit au travail…
La loi	Les lois et les ordonnances fixent les principes fondamentaux qui déterminent les droits et les obligations applicables à tous les salariés et employeurs. Les règlements et les décrets précisent l'application des lois.
La jurisprudence	La jurisprudence est l'interprétation faite par les tribunaux des lois et conventions.

Les sources professionnelles	
Le droit conventionnel	Les conventions ou les accords collectifs sont des accords conclus entre syndicats de salariés et syndicats d'employeurs (ou employeur pris individuellement).
L'usage professionnel	L'usage professionnel est une règle non-écrite, applicable dans la profession ou l'entreprise. Il est aujourd'hui pour l'essentiel intégré dans les lois et dans les accords collectifs.
L'accord atypique	L'accord atypique est un engagement unilatéral de l'employeur.
Le réglement intérieur	Le règlement intérieur est établi par l'employeur. Il fixe l'organisation des relations de travail, la discipline et les mesures applicables en matière d'hygiène et de sécurité.
Le contrat de travail	Le contrat de travail est une convention conclue entre l'employeur et le salarié déterminant les conditions d'emploi de ce dernier.

Les sources européennes	
Le droit européen	L'Union européenne pose le principe de la libre circulation des salariés et de l'harmonisation des législations sociales. Le droit du travail français doit se développer dans ce cadre.

Les sources internationales	
Les traités bilatéraux	Ce sont des traités passés entre la France et un pays étranger engageant leurs signataires dans le cadre d'une réciprocité et sur un sujet limité.
Les conventions de l'OIT	Les conventions de l'Organisation Internationale du Travail (OIT) ne s'appliquent qu'à ceux qui les ont ratifiées. Ses recommandations invitent les États à des réformes sociales.

Hiérarchie des sources

- Constitution
  - Droit européen et droit international
    - Lois et règlements
      - Conventions collectives
        - **Contrat de travail**

3 La codification du droit du travail

L'ensemble des textes relatifs au droit du travail sont codifiés et regroupés au sein du Code du travail. Il comporte :

– *une partie législative* : textes législatifs (lettre L) ;

– *une partie réglementaire* : les décrets en Conseil d'État (lettre R) ainsi que les décrets simples (lettre D). Les 2 séries d'articles sont numérotées en continu.

Exemple : article L. 1221–1

L 1 2 2 1 – 1

–1	article	: numéro de l'article
1	chapitre	: formation du contrat de travail
2	titre	: formation et exécution du contrat de travail
2	livre	: le contrat de travail
1	partie	: les relations individuelles de travail
L	Partie législative	

L'inspection du travail

Chapitre 2

L'inspection du travail a pour mission essentielle de veiller à l'application du Code du travail dans tous les domaines ainsi que des conventions et accords collectifs. Dans certains domaines, elle dispose d'un pouvoir de décision.

1 L'organisation de l'inspection du travail

Les directions régionales des entreprises, de la concurrence, de la consommation, du travail et de l'emploi (DIRECCTE) regroupent en une administration régionale unique 8 directions ou services de l'État, issus de différents ministères.

La DIRECCTE, interlocuteur unique pour les entreprises, est structurée en 3 pôles :

- ***un pôle entreprises, emploi et économie*** : ce pôle est chargé de soutenir la création, l'innovation et le développement des entreprises, de développer les compétences des salariés, d'anticiper et d'accompagner les mutations économiques, d'améliorer le service public de l'emploi…
- ***un pôle concurrence, consommation, répression des fraudes et métrologie*** : ce pôle est chargé de contribuer au bon fonctionnement et à la loyauté du marché, d'assurer la protection économique et la sécurité des consommateurs…
- ***un pôle politique du travail*** : ce pôle est chargé d'assurer le respect du droit du travail, d'améliorer les conditions de travail et la santé au travail, d'appuyer le dialogue social et le développement de la représentation du personnel, d'assurer la veille et le suivi des relations individuelles et collectives du travail.

L'inspection du travail dépend des directions régionales des entreprises, de la concurrence, de la consommation, du travail et de l'emploi (DIRECCTE). Chaque DIRECCTE est composée d'unités territoriales (UT), une par département.

L'inspection du travail est organisée au sein de chaque DIRECCTE. Elle comprend :

- ***des unités de contrôle territoriales*** : dans chaque région sont créées des unités de contrôle infra-départementales, départementales ou interdépartementales qui sont l'échelon généraliste de proximité. Des unités de contrôle interdépartementales, rattachées à une unité territoriale, et des unités de contrôle interrégionales, rattachées à une DIRECCTE, peuvent aussi être créées. Ces unités de contrôle territoriales sont composées de sections constituant le territoire géographique d'intervention dans lequel un inspecteur du travail ou un contrôleur du travail exerce ses compétences ;
- ***des instances spécialisées*** : une unité régionale chargée de la lutte contre le travail illégal est créée dans chaque région. Une ou plusieurs unités de contrôle régionales peuvent être créées afin d'opérer un contrôle sectoriel ou thématique ou de prévenir un risque particulier ;
- ***une instance nationale*** : un groupe national de veille, d'appui et de contrôle est chargé de mener ou d'apporter un appui à des opérations nécessitant une expertise particulière, un accompagnement des services, un contrôle spécifique ou une coordination des contrôles.

L'inspection du travail est composée d'inspecteurs du travail, de contrôleurs du travail dont le champ d'action est limité aux entreprises de moins de 50 salariés et de médecins inspecteurs du travail. Ce sont des fonctionnaires. Ils sont tenus au secret professionnel.

Les médecins-inspecteurs du travail sont chargés de la protection de la santé des salariés au lieu de travail. Leur action porte notamment sur l'organisation et le fonctionnement de la médecine du travail. Ils agissent en liaison avec les inspecteurs du travail, avec lesquels ils coopérent, à l'application de la règlementation relative à la santé au travail.

L'inspection du travail peut intervenir dans toutes les entreprises privées employant des salariés à l'exception de celles relevant d'un contrôle particulier (les industries électriques et gazières, les mines et carrières, les établissements de la défense nationale).

2 Les attributions de l'inspecteur du travail

L'inspecteur du travail dispose, pour l'exercice de sa mission, d'un certain nombre d'attributions :

- ***un pouvoir de contrôle*** : veiller à l'application des dispositions du Code du travail, des lois et des conventions et accords collectifs et constater les infractions à ces dispositions ;

- *un pouvoir de décision* : donner son autorisation ou son avis (autorisation préalable pour le licenciement d'un salarié protégé, contrôle du règlement intérieur…) ;
- *un rôle de conciliation* : exercer, à la demande des parties, un rôle de conciliation pour prévenir les conflits individuels ou collectifs ou concilier les parties en présence ;
- *un rôle de conseil* : répondre à toute demande de renseignements formulée par l'employeur ou le salarié et donner un avis sur un différend opposant l'employeur et le salarié.

L'inspecteur du travail établit pour sa circonscription des statistiques concernant les accidents du travail, le chômage, les conflits collectifs et rédige un rapport annuel sur l'application du droit du travail.

3 Les moyens d'action de l'inspecteur du travail

L'inspecteur du travail dispose de moyens d'action pour remplir ses missions.

Droit de visite	Pénétrer librement et sans avertissement préalable, dans tout établissement assujetti à son contrôle.
	Circuler librement au sein de l'entreprise accompagné ou non de l'employeur et/ou d'un membre de la délégation du personnel au comité social et économique (CSE).
	Mener des enquêtes, entendre des témoins sur des problèmes précis (suite à un accident du travail par exemple).
	Décider de faire procéder à des prélèvements – sur les matières et les produits utilisés, l'atmosphère des locaux – à fin d'analyse.
Droit de communication	Se faire communiquer les registres dont la tenue est obligatoire (*cf.* p. 21 et 22).

Tout obstacle mis à l'accomplissement de la mission de l'inspecteur du travail constitue un délit passible d'un emprisonnement et/ou d'une amende.

4 La constatation des infractions par l'inspecteur du travail

L'inspecteur du travail amené à constater une infraction a le pouvoir d'appréciation sur les suites qu'il entend donner. Il dispose à cet effet de différents moyens d'interventions.

Observation	Simple avertissement à l'employeur pour qu'il fasse cesser sans délai l'infraction. Elle peut être orale ou écrite
Mise en demeure	Mettre l'employeur dans l'obligation de faire cesser l'infraction dans un délai déterminé par l'inspecteur du travail. Elle est notifiée par écrit à l'employeur. Elle fixe un délai à l'expiration duquel l'infraction doit avoir disparu.

Procès-verbal	Constater les infractions pénales en précisant les circonstances de fait et les dispositions légales applicables en l'espèce. Il est, en principe, dressé après une mise en demeure, sauf si les faits présentent un danger grave ou imminent pour l'intégrité physique des salariés. Il est transmis au procureur de la République.
Arrêt temporaire de travaux	Décider de l'arrêt temporaire des travaux sur un chantier du bâtiment ou de l'activité au sein d'une entreprise en cas de situation dangereuse ou de situation de danger grave ou imminent pour la vie ou la santé des salariés constituant une infraction à la législation ou après qu'une mise en demeure soit restée infructueuse.
Amende administrative	Prononcer à l'encontre de l'employeur une amende en cas de non-respect de certaines dispositions du Code du travail. Elle est décidée par l'autorité administrative compétente, sur rapport de l'inspecteur du travail et sous réserve de l'absence de poursuites pénales. Le montant maximal de l'amende est de 2 000 €, elle peut être appliquée autant de fois qu'il y a de salariés concernés par le manquement. Pour fixer son montant, l'autorité administrative prend en compte les circonstances et la gravité du manquement, le comportement de son auteur ainsi que ses ressources.
Transaction pénale	Transiger avec l'employeur sur la poursuite d'une infraction constituant une contravention ou un délit. Elle est proposée par l'autorité administrative compétente, tant que l'action publique n'a pas été mise en mouvement. Si l'employeur accepte la transaction pénale, celle-ci est soumise à l'homologation du procureur de la République.
Référé judiciaire	Saisir le juge judiciaire statuant en référé pour voir ordonner toutes mesures propres à faire cesser le risque. L'inspecteur du travail peut, indépendamment de la mise en demeure, décider de saisir le juge judiciaire lorsqu'il constate un risque sérieux d'atteinte à l'intégrité physique d'un salarié résultant de l'inobservation des règles d'hygiène et de sécurité. Le juge peut ordonner la fermeture temporaire d'un atelier ou chantier et assortir sa décision d'une astreinte liquidée au profit du Trésor public. Sa décision ne peut entraîner ni rupture, ni suspension du contrat de travail, ni aucun préjudice pécuniaire à l'encontre des salariés concernés.

Les observations et les mises en demeure relatives à des questions d'hygiène, de sécurité, de médecine du travail et de prévention des risques sont communiquées par l'employeur aux membres du comité social et économique (CSE) et au médecin du travail. Elles sont conservées pendant 5 ans.

L'employeur doit aussi les tenir à la disposition de l'inspecteur du travail et des agents des services de prévention des organismes de Sécurité sociale.

5 Les recours contre les décisions de l'inspecteur du travail

Les décisions de l'inspecteur du travail sont obligatoirement motivées lorsqu'il s'agit de décisions individuelles défavorables. Les mises en demeure ainsi que les décisions relevant de l'arbitrage n'ont pas à être motivées.

À l'exception des procès-verbaux, toutes les décisions de l'inspecteur du travail peuvent donner lieu à un recours de la part de l'employeur ou du salarié concerné. Le délai de recours est normalement de 2 mois. Les différents recours sont :

– ***le recours gracieux*** auprès de l'inspecteur du travail ;

– ***le recours hiérarchique*** auprès du ministre du Travail ;

– ***le recours devant le tribunal administratif***.

Registres et affichages obligatoires

Registres obligatoires :

– le registre unique du personnel : identification du salarié, carrière, type de contrat, autorisation de travail pour les travailleurs étrangers, identification des stagiaires ;
– le registre du comité social et économique ;
– le registre spécial des dangers graves et imminents ;
– le registre des contrôles techniques de sécurité ;
– le registre des accidents du travail bénins.

Affichages obligatoires :

– l'inspection du travail : nom, adresse, téléphone ;
– le service d'accueil téléphonique : demandes d'information et de conseil sur les discriminations et les conditions de saisine du Défenseur des droits ;
– la médecine du travail : adresse et téléphone du médecin du travail et services d'urgence ;
– les consignes de sécurité et d'incendie et avertissement de zone de danger ;
– les textes relatifs à la lutte contre les discriminations à l'embauche ;
– l'interdiction de fumer et de vapoter ;
– l'horaire collectif de travail : horaire de travail (début et fin) et durée du repos ;
– le repos hebdomadaire : jours et heures de repos collectifs (si le repos n'est pas donné le dimanche) ;
– les panneaux syndicaux ;
– le travail temporaire : communications d'informations nominatives contenues dans les relevés de contrat de mission à Pôle emploi et à la DIRECCTE ;
– le document unique d'évaluation des risques professionnels (11 salariés et plus) ;
– l'élection des membres de la délégation du personnel au comité social et économique (11 salariés et plus) ;
– les textes relatifs à la lutte contre les discriminations à l'embauche.

Documents transmis par tout moyen (par affichage, par mail, via intranet ou remis en main propre contre décharge) :

- le règlement intérieur (50 salariés et plus) ;
- l'avis d'existence d'une convention collective et/ou d'un accord collectif d'entreprise ;
- les textes relatifs à l'égalité professionnelle et salariale entre les hommes et les femmes ;
- les textes relatifs au harcèlement moral ou sexuel ;
- les congés payés : période de prise des congés et ordre des départs en congés ;
- l'avis d'existence d'un accord de participation (50 salariés et plus) ;
- la copie de l'information transmise à l'inspection du travail en cas de suspension du repos hebdomadaire dans les cas légalement prévus ;
- la disponibilité des adresses des organisations syndicales de salariés représentatives dans la branche dont relève l'entreprise sur le site du ministère du Travail.

La négociation collective

Chapitre 3

La négociation collective a pour objectif la discussion et la conclusion entre partenaires sociaux de conventions et accords collectifs portant sur les conditions d'emploi et de travail des salariés et leurs garanties sociales.

1 Le dialogue social

Tout projet de réforme envisagé par le Gouvernement portant sur les relations individuelles et collectives du travail, l'emploi et la formation professionnelle et relevant du champ de la négociation nationale et interprofessionnelle doit faire l'objet d'une concertation préalable avec les organisations syndicales de salariés et d'employeurs en vue de l'ouverture éventuelle d'une négociation.

Le Gouvernement leur soumet les projets de textes législatifs et réglementaires élaborés au vu des résultats de la procédure de concertation et de négociation.

2 Les dispositions communes aux conventions et accords collectifs de travail

La convention et l'accord collectif portent sur les conditions d'emploi et de travail des salariés et leurs garanties sociales. Ils visent à assurer une meilleure protection des salariés. Leur finalité est donc d'améliorer la situation des salariés à chaque fois que cela est possible. Ainsi, ils ne peuvent comporter des dispositions moins favorables aux salariés que celles des lois et règlements en vigueur, sauf si la loi l'autorise expressément.

La convention ou l'accord collectif doit contenir un préambule présentant de manière succinte ses objectifs et son contenu. Son absence n'entraîne pas la nullité de la convention ou de l'accord.

La convention ou l'accord collectif définit ses conditions de suivi et comporte des clauses de rendez-vous. Leur absence n'entraîne pas la nullité de la convention ou de l'accord.

L'ensemble des salariés du secteur privé et du secteur public ou nationalisé à caractère industriel ou commercial, non soumis à un statut particulier, est concerné par l'existence de conventions et accords collectifs de travail.

Les conventions et accords collectifs de travail doivent répondre aux conditions suivantes :

<table>
<tr><th colspan="2">Parties à la négociation</th></tr>
<tr><td>Employeurs : une ou plusieurs organisations syndicales d'employeurs, ou groupement d'employeurs ou un ou plusieurs employeurs pris individuellement.</td><td>Salariés : une ou plusieurs organisations syndicales de salariés représentatives dans le champ d'application de la convention ou de l'accord (dans certains cas la négociation a lieu avec les représentants du personnel ou avec un salarié mandaté).</td></tr>
<tr><th colspan="2">Validité des conventions et accords collectifs de travail</th></tr>
<tr><td colspan="2">Les règles de validité d'une convention ou d'un accord collectif varient selon le niveau de la négociation :
– au niveau de la branche ou au niveau interprofessionnel :
• avoir été signé par une ou plusieurs organisations syndicales de salariés représentatives ayant recueilli, aux élections prises en compte pour la mesure de l'audience des syndicats, au moins 30 % des suffrages exprimés en faveur d'organisations syndicales reconnues représentatives au niveau de la négociation concernée, quel que soit le nombre de votants (cf. chapitre 15),
• ne pas faire l'objet de l'opposition d'une ou de plusieurs organisations syndicales de salariés représentatives ayant recueilli, à ces mêmes élections, la majorité des suffrages exprimés, quel que soit le nombre de votants. L'opposition doit être exprimée dans un délai de 15 jours à compter de la date de notification de l'accord. Elle est écrite et motivée ;
– au niveau de l'entreprise, de l'établissement ou du groupe : avoir été signé par une ou plusieurs organisations syndicales de salariés représentatives ayant recueilli, aux élections prises en compte pour la mesure de l'audience des syndicats, plus de 50 % des suffrages exprimés en faveur d'organisations syndicales reconnues représentatives, quel que soit le nombre de votants (cf. chapitre 15). Si l'accord collectif est signé par des organisations syndicales ayant recueilli, à ces mêmes élections, plus de 30 % des suffrages exprimés, une consultation visant à valider l'accord peut être organisée, à leur demande, auprès des salariés concernés. Dans ce cas l'accord est valide s'il est approuvé par les salariés à la majorité des suffrages exprimés.</td></tr>
<tr><th colspan="2">Champ d'application</th></tr>
<tr><td colspan="2">Le champ d'application doit être déterminé dans deux domaines :
– territorial : il peut être national, régional, départemental, local ou pour une entreprise ;
– professionnel : il énonce les activités économiques concernées.</td></tr>
</table>

Durée d'application
La convention ou l'accord collectif est conclu pour une durée ***déterminée ou indéterminée***. À défaut de stipulation sur sa durée, celle-ci est fixée à 5 ans. Lorsque la convention ou l'accord collectif arrive à expiration, il cesse de produire ses effets.
Suivi, renouvellement, révision
Les modalités de suivi, de renouvellement ou de révision de la convention ou de l'accord collectif doivent être mentionnées.
Dénonciation
La convention ou l'accord à durée indéterminée peut être dénoncé par tout ou partie des signataires. La dénonciation est précédée d'un préavis de 3 mois. À la demande d'une des parties intéressées, une nouvelle négociation s'engage. La convention ou l'accord continue de produire effet jusqu'à l'entrée en vigueur de la convention ou de l'accord qui lui est substitué, ou à défaut, pendant une durée d'un an à compter de l'expiration du délai de préavis. En l'absence d'une nouvelle convention ou d'un nouvel accord, les salariés conservent, en application de la convention ou de l'accord dénoncé, une rémunération dont le montant annuel, pour une durée de travail équivalente à celle prévue par leur contrat de travail, ne peut être inférieur à la rémunération versée lors des 12 derniers mois.
Forme et publicité
La forme est obligatoirement écrite. Le texte doit être déposé : – en 1 exemplaire au secrétariat-greffe du conseil de prud'hommes ; – en 2 exemplaires à la DIRECCTE, une version sur support papier signée et une sur support électronique. L'employeur informe par tout moyen les salariés de l'existence d'un accord, procure un exemplaire au comité social et économique (CSE) et aux délégués syndicaux et tient un exemplaire à la disposition du personnel. Toute convention ou accord collectif, quelque soit son niveau, est rendu public et versé dans une base de données nationale, consultable sur *legifrance.gouv.fr*.
Date d'application
En principe, la date d'application de la convention ou de l'accord collectif est celle du jour qui suit son dépôt à la DIRECCTE.
Assujettis
Les salariés concernés par l'application d'une convention ou d'un accord collectif sont ceux dont l'employeur est signataire ou membre d'une organisation patronale signataire. La convention collective applicable est celle dont relève l'activité principale exercée par l'employeur. Le code NAF (nomenclature des activités française) conféré par l'INSEE n'est pas à lui seul déterminant pour définir celle-ci. D'autres critères peuvent être pris en compte : l'affiliation syndicale de l'employeur, le chiffre d'affaires le plus élevé…

Il existe différents types de conventions et accords collectifs de travail :

L'accord professionnel ou interprofessionnel	conclu au niveau d'une branche professionnelle ou de plusieurs branches professionnelles ou de l'ensemble des branches professionnelles (accord national interprofessionnel : ANI). Il porte sur un thème particulier concernant l'ensemble des conditions de travail et les garanties sociales.
La convention collective de branche	conclue au niveau des branches d'activité pour définir l'ensemble des conditions d'emploi et de travail ainsi que les garanties sociales des salariés concernés.
L'accord de groupe	conclu entre l'employeur de l'entreprise dominante et les organisations syndicales de salariés représentatives dans le groupe. Il est conclu selon les mêmes règles que l'accord d'entreprise et emporte les mêmes effets.
L'accord d'entreprise	conclu au niveau d'une entreprise ou d'un établissement pour adapter la convention collective de branche ou l'accord collectif. Un accord d'entreprise peut être négocié même en l'absence de convention collective de branche.

La faculté de dérogation – c'est-à-dire la possibilité pour un accord de contenir des dispositions moins favorables qu'un accord de niveau supérieur – suppose que les signataires de l'accord de niveau supérieur n'aient pas exclu cette possibilité. ***Dans le domaine de la durée du travail, des repos et des congés, l'accord d'entreprise prévaut sur l'accord de branche***.

3 La convention de branche et l'accord professionnel

La branche a pour mission de définir les conditions d'emploi et de travail des salariés ainsi que les garanties qui leur sont applicables dans les matières prévues par le Code du travail ainsi que de réguler la concurrence entre les entreprises relevant de son champ d'application.

Les conventions de branche et les accords professionnels ordinaires s'appliquent seulement aux salariés dont l'employeur est signataire ou membre d'une organisation patronale signataire. Ils peuvent être ***étendus*** (applicables à l'ensemble des employeurs et salariés d'une branche) ou ***élargis*** (applicables à une autre branche) par un arrêté du ministre du Travail.

Une commission paritaire permanente de négociation et d'interprétation est mise en place par accord ou convention de branche. Elle représente la branche auprès des pouvoirs publics. Elle apporte un appui aux entreprises et exerce un rôle de veille sur les conditions de travail et d'emploi.

Le ministre du Travail peut engager une procédure de fusion de branches à partir de l'un des critères suivants :

– les branches comptent moins de 5 000 salariés ;

– les branches n'ont pas négocié au cours des 3 dernières années ;

– les branches dont le champ d'application est uniquement régional ou local ;

– les branches où moins de 5 % des entreprises adhèrent à une organisation patronale représentative.

Les organisations liées par une convention de branche ou par des accords professionnels sont tenues à des négociations périodiques obligatoires.

Ordre public
Les organisations liées par une convention de branche ou, à défaut, par des accords professionnels se réunissent : – ***au moins une fois tous les 4 ans pour négocier*** : • sur les salaires, • sur les mesures tendant à assurer l'égalité professionnelle entre les femmes et les hommes et sur les mesures tendant à remédier aux inégalités constatées ainsi que sur les mesures destinée à faciliter la conciliation entre la vie professionnelle et la vie personnelle des salariés proches aidants, • sur les conditions de travail, la gestion prévisionnelle des emplois et des compétences et sur la prise en compte des effets de l'exposition aux facteurs de risques professionnels, • sur les mesures tendant à l'insertion professionnelle et au maintien dans l'emploi des travailleurs handicapés, • sur les priorités, les objectifs et les moyens de la formation professionnelle des salariés ; – ***au moins une fois tous les 5 ans pour négocier*** : • sur l'examen de la nécessité de réviser les classifications, • sur l'institution d'un ou plusieurs plans d'épargne interentreprises ou plans d'épargne pour la retraite collectifs interentreprises lorsqu'il n'existe aucun accord conclu à ce niveau en la matière. ***Elles ouvrent aussi une négociation sur les modalités d'organisation du temps partiel dès lors qu'au moins 1/3 de l'effectif de la branche professionnelle occupe un emploi à temps partiel***. Elle porte notamment sur la durée minimale d'activité hebdomadaire ou mensuelle, le nombre et la durée des périodes d'interruption d'activité, le délai de prévenance préalable à la modification des horaires et la rémunération des heures complémentaires.
Champ de la négociation collective
Les organisations liées par une convention de branche ou, à défaut, par un accord professionnel peuvent engager, à la demande de l'une d'entre elles, une négociation en vue de conclure un accord précisant : – ***les thèmes des négociations et leur périodicité*** de telle sorte que soient négociés au moins tous les 4 ans ou au moins tous les 5 ans les thèmes définis par les dispositions d'ordre public ; – ***le thème concernant le travail à temps partiel lorsque les conditions mentionnées par les dispositions d'ordre public sont réunies*** ; – ***le contenu de chacun des thèmes*** ; – ***le calendrier et les lieux de réunions*** ; – ***les informations que les organisations professionnelles d'employeurs remettent aux négociateurs*** sur les thèmes prévus par la négociation qui s'engage et la date de cette remise ; – ***les modalités selon lesquelles sont suivis les engagements souscrits par les parties***. La durée de l'accord ne peut excéder 5 ans. Un accord conclu dans l'un des domaines énumérés dans les dispositions d'ordre public peut fixer la périodicité de sa renégociation dans les limites fixées par les dispositions d'ordre public (4 ou 5 ans).

Dispositions supplétives
À défaut d'accord, les organisations liées par une convention de branche ou, à défaut, par des accords professionnels se réunissent : – ***au moins une fois par an pour négocier sur les salaires***. Cette négociation prend en compte l'objectif d'égalité professionnelle entre les femmes et les hommes ainsi que les mesures pour les atteindre. Elle est aussi l'occasion, pour les parties, d'examiner : • l'évolution économique, la situation de l'emploi dans la branche, son évolution et les prévisions annuelles ou pluriannuelles établies, notamment pour ce qui concerne les CDD et les missions de travail temporaires, • les actions éventuelles de prévention envisagées compte tenu de ces prévisions, • l'évolution des salaires effectifs moyens par catégories professionnelles et par sexe, le cas échéant des salaires minima hiérarchiques. Lorsque le salaire minimum national professionnel des salariés sans qualification est inférieur au SMIC, les organisations doivent se réunir pour négocier sur les salaires. À défaut d'initiative patronale dans les 3 mois, la négociation s'engage dans les 15 jours suivant la demande d'une organisation syndicale de salariés ; – *tous les 3 ans* : • ***une négociation sur les mesures tendant à assurer l'égalité professionnelle entre les femmes et les hommes et sur les mesures de rattrapage tendant à remédier aux inégalités constatées***. La mise en œuvre de ces mesures de rattrage, lorsqu'elles portent sur des mesures salariales, est suivi dans le cadre de la négociation annuelle obligatoire sur les salaires, • ***une négociation sur les conditions de travail, la gestion prévisionnelle des emplois et des compétences*** (GPEC) et sur la prise en compte des effets de l'exposition aux facteurs de risques professionnels, • ***une négociation sur les mesures tendant à l'insertion professionnelle et au maintien dans l'emploi des travailleurs handicapés***, • ***une négociation sur les priorités, les objectifs et les moyens de la formation professionnelle des salariés***. Cette négociation porte notamment sur l'égal accès à la formation des salariés selon leur catégorie professionnelle et la taille de leur entreprise, les abondements supplémentaires du compte personnel de formation (CPF), la validation des acquis de l'expérience (VAE), l'accès aux certifications, le développement du tutorat et la valorisation de la fonction de tuteur ou de maître d'apprentissage, en particulier pour les salariés âgés de plus de 55 ans ; – *tous les 5 ans* : • ***une négociation pour examiner la nécessité de réviser les classifications***. Cette négociation prend en compte l'objectif d'égalité professionnelle entre les femmes et les hommes et de mixité des emplois, • ***une négociation sur l'institution d'un ou plusieurs plans d'épargne interentreprises ou plans d'épargne pour la retraite collectifs interentreprises*** lorsqu'il n'existe aucun accord conclu à ce niveau en la matière. Les négociations annuelle et quinquennale visent également à définir et à programmer les mesures permettant de supprimer les écarts de rémunération entre les femmes et les hommes. Les organisations liées par un accord de branche ouvrent une négociation sur les modalités d'organisation du temps partiel dès lors qu'au moins 1/3 de l'effectif de la branche professionnelle occupe un emploi à temps partiel (durée minimale d'activité hebdomadaire ou mensuelle, nombre et durée des périodes d'interruption d'activité, délai de prévenance préalable à la modification des horaires et rémunération des heures complémentaires).

4 L'accord d'entreprise

L'accord d'entreprise prime sur l'accord de branche sauf pour les thèmes suivants :

– *13 thèmes où les stipulations de l'accord de branche prévalent sur l'accord d'entreprise* :
- les salaires minima hiérarchiques,
- les classifications,
- la mutualisation des fonds de financement du paritarisme,
- la mutualisation des fonds de la formation professionnelle,
- les garanties collectives complémentaires,
- les mesures concernant certaines dispositions relatives à la durée du travail, à la répartition et à l'aménagement des horaires (*cf.* chapitre 10),
- les mesures concernant certaines dispositions relatives aux CDD et aux CTT (*cf.* chapitre 8),
- les mesures relatives au CDI de chantier (*cf.* chapitre 8),
- l'égalité professionnelle entre les femmes et les hommes,
- les conditions et les durées de renouvellement de la période d'essai (*cf.* chapitre 8),
- les modalités selon lesquelles la poursuite des contrats de travail est organisée entre 2 entreprises lorsque les conditions de transfert des contrats ne sont pas réunies,
- les cas de mise à disposition d'un salarié temporaire auprès d'une entreprise utilisatrice pour le recrutement de personnes sans emploi rencontrant des difficultés sociales et professionnelles,
- la rémunération minimale du salarié porté ;

– *4 thèmes où l'accord de branche peut interdire à l'accord d'entreprise de comporter des stipulations différentes* :
- la prévention des effets de l'exposition aux facteurs de risques professionnels,
- l'insertion professionnelle et le maintien dans l'emploi des travailleurs handicapés,
- l'effectif à partir duquel les délégués syndicaux peuvent être désignés, leur nombre et la valorisation de leurs parcours syndical,
- les primes pour travaux dangereux et insalubres.

Un accord collectif peut définir la méthode permettant à la négociation de s'accomplir dans des conditions de loyauté et de confiance mutuelle entre les parties. Cet accord précise la nature des informations partagées entre les négociateurs, notamment, au niveau de l'entreprise, en s'appuyant sur la base de données économiques et sociales, définit les principales étapes du déroulement des négociations et peut prévoir des moyens supplémentaires (crédits d'heures, recours à l'expertise…) afin d'assurer le bon déroulement des négociations. Un accord de branche définit la méthode applicable à la négociation au niveau de l'entreprise. Cet accord s'impose à l'entreprise si elle n'a pas conclu un tel accord.

Un accord d'entreprise, portant sur l'ensemble des thèmes ouverts à la négociation collective d'entreprise, peut être négocié, conclu et révisé dans toute entreprise, qu'il existe ou non des sections syndicales représentatives avec nomination de délégués syndicaux :

- ***les modalités de négociation dans les entreprises pourvues de délégués syndicaux*** : ***la validité de l'accord d'entreprise est subordonnée à sa signature par***, d'une part, ***l'employeur et***, d'autre part, ***une ou plusieurs organisations syndicales de salariés représentatives ayant recueilli plus de 50 % des suffrages exprimés*** en faveur d'organisations syndicales représentatives, aux dernières élections prises en compte pour la mesure de la représentativité syndicale, quel que soit le nombre de votants (*cf.* chapitre 15). L'accord collectif majoritaire est applicable aux accords de préservation ou de développement de l'emploi et aux accords sur la durée du travail, les repos et les congés et à partir du 1er septembre 2019 à tous les autres accords.

  Lorsque l'accord d'entreprise est seulement signé par des organisations syndicales de salariés représentatives ayant recueilli plus de 30 % des suffrages exprimés aux dernières élections prises en compte pour la mesure de la représentativité syndicale, ces dernières disposent, à compter de la signature de l'accord, d'un délai d'un mois pour indiquer qu'elles souhaitent une consultation des salariés visant à valider l'accord. Si, à l'issue d'un délai de 8 jours à compter de cette demande, aucune nouvelle signature ne permet de dépasser le taux de 50 %, la consultation est organisée, par l'employeur, dans un délai de 2 mois. Participent à la consultation les salariés couverts par l'accord. L'accord est valide s'il est approuvé par les salariés à la majorité des suffrages exprimés ;
- ***les modalités de négociation dans les entreprises dépourvues de délégués syndicaux ou de conseil d'entreprise*** :
  - ***les modalités de ratification des accords dans les entreprises dont l'effectif habituel est inférieur à 11 salariés*** : l'employeur peut proposer un projet d'accord aux salariés. La consultation du personnel est organisée à l'issue d'un délai minimum de 15 jours courant à compter de la communication à chaque salarié du projet d'accord. Lorsque le projet d'accord est ratifié à la majorité des 2/3 du personnel, il est considéré comme un accord valide,
  - ***les modalités de négociation dans les entreprises dont l'effectif habituel est compris entre 11 et 50 salariés*** : l'accord peut être négocié, conclu et révisé :
    - soit par un ou plusieurs salariés expressément mandatés par un ou plusieurs syndicats représentatifs étant membre ou non de la délégation du personnel du comité social et économique (CSE). Une même organisation ne peut mandater qu'un seul salarié ;
    - soit par un ou plusieurs membres de la délégation du personnel du CSE.

La validité de l'accord conclu par un ou plusieurs membre de la délégation du personnel du CSE, mandaté ou non, est subordonnée à sa signature par les membres du CSE représentant la majorité des suffrages exprimés lors des dernières élections professionnelles.

La validité de l'accord conclu par un ou plusieurs salariés mandatés, s'ils ne sont pas membres de la délégation du personnel du CSE, est subordonnée à son approbation par les salariés à la majorité des suffrages exprimés.

Dans les entreprises dont l'effectif habituel est compris entre 11 et 20 salariés, en l'absence de membre élu de la délégation du personnel du CSE, les dispositions concernant les entreprises de moins de 11 salariés s'appliquent,

- ***les modalités de négociation dans les entreprises dont l'effectif habituel est au moins de 50 salariés*** : l'employeur fait connaître son intention de négocier aux membres de la délégation du personnel du CSE. Les élus qui souhaitent négocier le font savoir dans un délai d'un mois et indiquent, le cas échéant, s'ils sont mandatés ou non. Si aucun membre de la délégation du personnel du CSE n'a manifesté son souhait de négocier, l'accord peut être conclu par un ou plusieurs salariés expressément mandatés par un ou plusieurs syndicats représentatifs. Une même organisation ne peut mandater qu'un seul salarié.

  La validité de l'accord conclu par les membres de la délégation du personnel du CSE mandatés est subordonné à son approbation par les salariés à la majorité des suffrages exprimés.

  La validité de l'accord conclu par un ou plusieurs membres de la délégation du personnel du CSE non mandatés est subordonnée à sa signature par des membres du CSE représentant la majorité des suffrages exprimés lors des dernières élections professionnelles.

  La validité de l'accord conclu par un ou plusieurs salariés mandatés est subordonné à son approbation par les salariés à la majorité des suffrages exprimés.

Les salariés mandatés ou les membres de la délégation du personnel du CSE appelés participer à une négociation dispose du temps nécessaire à l'exercice de ses fonctions qui, sauf circonstances exceptionnelles, ne peut excéder 10 heures par mois.

5 Les négociations obligatoires dans l'entreprise

Les dispositions légales du Code du travail relatives aux négociations obligatoires dans l'entreprise distinguent les règles d'ordre public auxquelles il est interdit de déroger, le champ de la négociation collective et les dispositions supplétives applicables à défaut d'accord collectif.

Les règles d'ordre public

Dans les entreprises où sont constituées une ou plusieurs sections syndicales représentatives avec nomination de délégués syndicaux, l'employeur engage au moins une fois tous les 4 ans :

- *une négociation sur la rémunération, notamment les salaires effectifs, le temps de travail et le partage de la valeur ajoutée dans l'entreprise* ;
- *une négociation sur l'égalité professionnelle entre les femmes et les hommes, portant notamment sur les mesures visant à supprimer les écarts de rémunération, et la qualité de vie au travail*.

Dans les entreprises d'au moins 300 salariés, ainsi que dans les entreprises de dimension communautaire comportant au moins une entreprise de 150 salariés en France l'employeur engage, en plus, au moins une fois tous les 4 ans une négociation sur la gestion des emplois et des parcours professionnels.

En l'absence d'accord relatif à l'égalité professionnelle entre les femmes et les hommes :

- l'employeur établit un plan d'action annuel destiné à assurer l'égalité professionnelle entre les femmes et les hommes. Ce plan d'action détermine les objectifs de progression prévus pour l'année à venir, définit les actions qualitatives et quantitatives permettant de les atteindre et évalue leur coût. Il est transmis à la DIRECCTE et porté à la connaissance du personnel par tout moyen ;
- la négociation annuelle sur les salaires porte sur la programmation de mesures permettant de supprimer les écarts de rémunération et les différences de déroulement de carrière entre les femmes et les hommes.

Si au terme de la négociation, aucun accord n'a été conclu, il est établi un procès-verbal de désaccord dans lequel sont consignées les propositions respectives des parties et les mesures que l'employeur entend appliquer unilatéralement. L'accord ou le procès-verbal de désaccord est déposé auprès de la DIRECCTE.

La négociation doit être sérieuse et loyale. L'employeur doit transmettre aux organisations syndicales représentatives dans l'entreprise les informations nécessaires pour leur permettre de négocier en toute connaissance de cause et répondre de manière motivée aux propositions des organisations syndicales.

L'employeur qui n'a pas rempli son obligation de négociation sur les salaires effectifs est soumis à une pénalité plafonnée à un montant équivalent à 10 % des exonérations de cotisations sociales.

Dans les entreprises d'au moins 50 salariés, en l'absence d'accord relatif à l'égalité professionnelle entre les femmes et les hommes ou de plan d'action, l'employeur est soumis à une pénalité dont le montant est fixé au maximum à 1 % des rémunérations versées aux salariés pour les périodes où l'entreprise n'est pas couverte par l'accord ou le plan d'action.

Le champ de la négociation collective

Dans les entreprises où sont constituées une ou plusieurs sections syndicales représentatives avec nomination de délégués syndicaux, une négociation peut être engagée, à l'initiative de l'employeur ou à l'initiative d'une organisation syndicale représentative, précisant le calendrier, la périodicité, les thèmes et les modalités de négociation dans l'entreprise. L'accord conclu précise :

- les thèmes des négociations et leur périodicité de telle sorte qu'au moins tous les 4 ans soient négociés les domaines énumérés dans les dispositions d'ordre public ;
- le contenu de chacun des thèmes ;
- le calendrier et les lieux de réunions ;
- les informations que l'employeur remet aux négociateurs sur les thèmes prévus par la négociation qui s'engage et la date de cette remise ;
- les modalités selon lesquelles sont suivis les engagements souscrits par les parties.

La durée de l'accord ne peut excéder 4 ans.

Un accord conclu dans l'un des domaines énumérés dans les dispositions d'ordre public peut fixer la périodicité de sa renégociation dans la limite de 4 ans.

Les dispositions supplétives

À défaut d'accord ou en cas de non-respect de ses stupulations, l'employeur engage dans les entreprises où sont constituées une ou plusieurs sections syndicales représentatives avec nomination de délégués syndicaux :

- ***chaque année, une négociation sur la rémunération, le temps de travail et le partage de la valeur ajoutée dans l'entreprise*** ;
- ***chaque année, une négociation sur l'égalité professionnelle entre les femmes et les hommes et la qualité de vie au travail*** ;
- ***tous les 3 ans***, dans les entreprises d'au moins 300 salariés, une négociation sur la gestion des emplois et des parcours professionnels.

À défaut d'initiative de l'employeur depuis plus de 12 mois, pour chacune des 2 négociations annuelles, et plus de 36 mois, pour la négociation triennale, suivant la précédente négociation, cette négociation s'engage obligatoirement à la demande d'un syndicat représentatif dans les 15 jours qui suivent la demande.

Lors de la 1re réunion sont précisés le lieu et le calendrier de la ou des réunions ainsi que les informations que l'employeur remettra aux délégués syndicaux et aux salariés composant la délégation sur les thèmes prévus par la négociation qui s'engage et la date de cette remise.

La négociation sur la rémunération, le temps de travail et le partage de la valeur ajoutée dans l'entreprise porte sur :

- les salaires effectifs ;
- la durée effective et l'organisation du temps de travail, notamment la mise en place du travail à temps partiel. La négociation peut aussi porter sur la réduction du temps de travail ;
- l'intéressement, la participation et l'épargne salariale, dès lors que les salariés de l'entreprise ne sont pas couverts par un accord de branche ou d'entreprise sur l'épargne salariale ;
- le suivi de la mise en œuvre des mesures visant à supprimer les écarts de rémunération et les différences de déroulement de carrière entre les femmes et les hommes.

La négociation donne lieu à une information par l'employeur sur les mises à disposition de salariés auprès des organisations syndicales ou des associations d'employeurs.

La négociation sur l'égalité professionnelle entre les femmes et les hommes et la qualité de vie au travail porte sur :

- l'articulation entre la vie personnelle et la vie professionnelle pour les salariés ;
- les objectifs et les mesures permettant d'atteindre l'égalité professionnelle entre les femmes et les hommes, notamment en matière de suppression des écarts de rémunération, d'accès à l'emploi, de formation professionnelle, de déroulement de carrière et de promotion professionnelle, de conditions de travail et d'emploi, en particulier pour les salariés à temps partiel, et de mixité des emplois ;
- les mesures permettant de lutter contre toute discrimination en matière de recrutement, d'emploi et d'accès à la formation professionnelle ;
- les mesures relatives à l'insertion professionnelle et au maintien dans l'emploi des salariés handicapés, notamment les conditions d'accès à l'emploi, à la formation et à la promotion professionnelle, les conditions de travail et d'emploi et les actions de sensibilisation de l'ensemble du personnel au handicap ;

- les modalités de définition d'un régime de prévoyance et d'un régime de remboursements complémentaires de frais de santé occassionnés par une maladie, une maternité ou un accident, à défaut de couverture par un accord de branche ou un accord d'entreprise ;
- l'exercice du droit d'expression directe et collective des salariés, notamment au moyen des outils numériques disponibles dans l'entreprise ;
- les modalités du plein exercice par le salarié de son droit à la déconnexion et à la mise en place par l'entreprise de dispositifs de régulation de l'utilisation des outils numériques, en vue d'assurer le respect des temps de repos et de congé ainsi que de la vie personnelle et familiale. À défaut d'accord, l'employeur élabore une charte, après avis du CSE.

La négociation peut porter sur la prévention des effets de l'exposition aux facteurs de risques professionnels.

Dans les entreprises d'au moins 300 salariés, ainsi que dans les entreprises de dimension communautaire comportant au moins une entreprise de 150 salariés en France l'employeur engage tous les 3 ans, notamment sur le fondement des orientations stratégiques de l'entreprise et de leurs conséquences, une négociation sur la gestion des emplois et des parcours professionnels et sur la mixité des métiers portant sur :

- la mise en place d'un dispositif de gestion prévisionnelle des emplois et des compétences (GPEC) ainsi que sur les mesures d'accompagnement susceptibles de lui être associées, en particulier en matière de formation, d'abondement du CPF, de VAE, de bilan de compétences ainsi que d'accompagnement de la mobilité professionnelle et géographique des salariés ;
- le cas échéant, les conditions de la mobilité professionnelle et géographique interne à l'entreprise prévue afin de répondre aux nécessités liées au fonctionnement de l'entreprise ou en vue de préserver ou de développer l'emploi, qui doivent, en cas d'accord, faire l'objet d'un chapitre spécifique (*cf.* chapitre 8) ;
- les grandes orientations à 3 ans de la formation professionnelle dans l'entreprise et les objectifs du plan de formation, en particulier les catégories de salariés et d'emplois auxquels ce dernier est consacré en priorité, les compétences et qualifications à acquérir pendant la période de validité de l'accord ainsi que les critères et modalités d'abondement par l'employeur du CPF ;
- les perspectives de recours par l'employeur aux différents contrats de travail, au travail à temps partiel et aux stages, ainsi que les moyens mis en œuvre pour diminuer le recours aux emplois précaires dans l'entreprise au profit des CDI ;
- les conditions dans lesquelles les entreprises sous-traitantes sont informées des orientations stratégiques de l'entreprise ayant un effet sur leurs métiers, l'emploi et les compétences ;
- le déroulement de carrière des salariés exerçant des responsabilités syndicales et l'exercice de leurs fonctions.

Un bilan est réalisé à l'échéance de l'accord.

La négociation peut également porter sur :

- les matières concernant l'accord de méthode (*cf.* chapitre 9) ;
- la qualification des catégories d'emplois menacés par les évolutions économiques ou technologiques ;
- les modalités de l'association des entreprises sous-traitantes au dispositif de GPEC de l'entreprise ;
- les conditions dans lesquelles l'entreprise participe aux actions de gestion prévisionnelle des emplois et des compétences mises en œuvre à l'échelle des territoires où elle est implantée ;
- la mise en place de congés de mobilités ;
- la formation et l'insertion durable des jeunes dans l'emploi, l'emploi des salariés âgés et la transmission des savoirs et des compétences, les perspectives de développement de l'alternance, ainsi que les modalités d'accueil des alternants et des stagiaires et l'amélioration des conditions de travail des salariés âgés.

Le règlement intérieur

Chapitre 4

L'employeur est tenu d'élaborer un règlement intérieur dès lors qu'il emploie 50 salariés ou plus. Par contre son pouvoir disciplinaire s'exerce sans condition d'effectif. Le règlement intérieur et le pouvoir disciplinaire de l'employeur sont réglementés par le Code du travail.

Depuis le 01/01/20 L. 2312-2 CT

1 L'établissement du règlement intérieur

L'établissement du règlement intérieur (RI) est obligatoire dans toute entreprise employant au moins 50 salariés. L'obligation s'applique au terme d'un délai de 12 mois à compter de la date à laquelle le seuil de 50 salariés a été atteint.

Pour son élaboration, l'employeur doit respecter la procédure suivante :

1. Rédiger le projet de règlement intérieur ;
2. Consulter pour avis le comité social et économique (CSE) sur l'ensemble du projet ;
3. Transmettre à l'inspecteur du travail 2 exemplaires du règlement intérieur accompagnés de l'avis du CSE. L'inspecteur du travail peut exiger le retrait ou la modification de clauses contraires à la loi ;
4. Déposer un exemplaire du règlement intérieur au secrétariat-greffe du conseil de prud'hommes ;
5. Porter, par tout moyen, à la connaissance des personnes ayant accès aux lieux de travail ou aux locaux où se fait l'embauche le règlement intérieur. Il ne peut entrer en application qu'un mois, au minimum, après le dépôt.

Ces dispositions s'appliquent également en cas de modification ou de retrait des clauses du règlement intérieur ainsi que pour les notes de services comportant des obligations générales et permanentes dans les matières concernées par le règlement intérieur.

Le règlement intérieur est un document écrit par lequel l'employeur fixe exclusivement :

- ***les mesures d'application de la réglementation en matière de santé et de sécurité dans l'entreprise*** ;
- ***les conditions dans lesquelles les salariés peuvent être appelés à participer***, à la demande de l'employeur, ***au rétablissement de conditions de travail protectrices de la santé et de la sécurité des salariés***, dès lors qu'elles apparaîtraient compromises ;
- ***les règles générales et permanentes relatives à la discipline, notamment la nature et l'échelle des sanctions que peut prendre l'employeur*** ;
- ***les dispositions relatives aux droits de la défense des salariés*** ;
- ***les dispositions relatives aux harcèlements moral et sexuel et aux agissements sexistes*** prévues par le Code du travail.

Le règlement intérieur peut contenir des dispositions inscrivant le principe de neutralité et restreignant la manifestation des convictions des salariés si ces restrictions sont justifiées par l'exercice d'autres libertés et droits fondamentaux ou par les nécessités du bon fonctionnement de l'entreprise et si elles sont proportionnées au but recherché.

Le règlement intérieur ne peut contenir :

- des dispositions contraires aux lois et règlements ainsi qu'aux stipulations des conventions et accords collectifs applicables dans l'entreprise ;
- des dispositions apportant aux droits des personnes et aux libertés individuelles et collectives des restrictions qui ne seraient pas justifiées par la nature de la tâche à accomplir ni proportionnées au but recherché ;
- des dispositions discriminants les salariés dans leur emploi ou leur travail (sexe, mœurs, origines...).

2 Le pouvoir disciplinaire de l'employeur

Le pouvoir disciplinaire ***s'applique dans toute entreprise sans condition d'effectif***.

Une sanction disciplinaire est une mesure autre que des observations verbales, prise par l'employeur à la suite d'un agissement du salarié, considéré par lui comme fautif, que cette mesure soit de nature à affecter immédiatement ou non la présence du salarié dans l'entreprise, sa fonction, sa carrière ou sa rémunération.

L'agissement fautif du salarié peut être un manquement aux règles de discipline générale de l'entreprise, une inexécution fautive du travail ou une exécution volontairement défectueuse.

Aucune sanction ne peut être prise à l'encontre du salarié sans que celui-ci soit informé, dans le même temps et par écrit, des griefs retenus contre lui. La procédure dépend du fait que la sanction envisagée a ou non une incidence sur sa présence dans l'entreprise, sa fonction, sa carrière ou sa rémunération.

L'échelle des sanctions et la procédure applicable sont les suivantes :

<table>
<tr><th colspan="2">L'échelle des sanctions</th><th>Procédure applicable</th></tr>
<tr><td>Avertissement ou blâme</td><td>Simple rappel à l'ordre ou simple mise en garde.</td><td>Procédure courte : la sanction est notifiée par écrit (lettre recommandée ou remise en main propre contre décharge) et motivée.</td></tr>
<tr><td>Mise à pied disciplinaire</td><td>Suspension temporaire du contrat de travail non rémunérée.</td><td rowspan="4">Procédure longue :
– convocation à un entretien préalable : l'employeur convoque le salarié à un entretien par lettre, en précisant l'objet, la date, l'heure et la possibilité d'assistance par une personne de son choix ;
– entretien préalable : au cours de l'entretien, l'employeur énonce le ou les motifs de la sanction envisagée et entend les explications du salarié ;
– notification motivée de la sanction : la sanction est notifiée par écrit (lettre recommandée ou remise en main propre contre décharge) dans le délai de 2 jours ouvrables à 1 mois après l'entretien préalable.</td></tr>
<tr><td>Mutation</td><td>Affectation du salarié à un autre poste de qualification équivalente.</td></tr>
<tr><td>Rétrogradation</td><td>Affectation du salarié à un autre poste de qualification inférieure avec réduction de la rémunération.</td></tr>
<tr><td>Licenciement pour faute disciplinaire</td><td>Départ définitif du salarié de l'entreprise (procédures disciplinaire et de licenciement confondues).</td></tr>
</table>

La prescription : aucun fait fautif ne peut donner lieu à lui seul à l'engagement de poursuites disciplinaires au-delà d'un délai de 2 mois à compter du jour où l'employeur en a eu connaissance.

L'employeur ne peut sanctionner deux fois pour une même faute. Par contre, en cas de récidive, il peut invoquer des fautes passées – de même nature – et déjà sanctionnées pour appliquer une sanction plus importante. Le délai maximum est de 3 ans ; passé ce délai, il ne peut plus invoquer une faute antérieure même en cas de récidive.

Les amendes et autres sanctions pécuniaires sont interdites. Toute disposition ou stipulation contraire est réputée non écrite.

3 Le droit d'expression des salariés dans l'entreprise

Les salariés bénéficent d'un droit d'expression directe et collective sur le contenu, les conditions d'exercice et l'organisation de leur travail. L'accès de chacun au droit d'expression collective peut être assuré par le recours aux outils numériques sans que l'exercice de ce droit ne puisse méconnaître les droits et obligations des salariés dans l'entreprise.

L'expression directe et collective des salariés a pour objet de définir les actions à mettre en œuvre pour améliorer leurs conditions de travail, l'organisation de l'activité et la qualité de la production dans l'unité de travail à laquelle ils appartiennent et dans l'entreprise.

Le droit des salariés à l'expression directe et collective s'exerce sur les lieux et pendant le temps de travail.

Les opinions que les salariés, quelle que soit leur place dans la hiérarchie professionnelle, émettent dans l'exercice du droit d'expression ne peuvent motiver une sanction ou un licenciement.

Les modalités d'exercice du droit d'expression sont définies dans le cadre de la négociation portant sur l'égalité professionnelle entre les femmes et les hommes (*cf.* chapitre 3). Lorsqu'un accord existe, l'employeur provoque une réunion, au moins une fois tous les 3 ans, avec les organisations syndicales représentatives en vue d'examiner les résultats de cet accord et engage sa renégociation à la demande d'une organisation syndicale représentative.

À défaut d'initiative de l'employeur dans le délai d'un an en cas d'accord, ou de 3 ans en l'absence d'accord, la négociation s'engage obligatoirement à la demande d'une organisation syndicale représentative dans les 15 jours suivant la présentation de cette demande. L'accord ou le procès-verbal de désaccord est déposé auprès de la DIRECCTE.

À défaut d'accord sur les négociations obligatoires dans l'entreprise (*cf.* chapitre 3) ou en cas de non-respect de ses stipulations, l'accord traitant du droit d'expression comporte des stipulations sur :

- le niveau, le mode d'organisation, la fréquence et la durée des réunions ;
- les outils numériques disponibles dans l'entreprise, permettant l'expression des salariés ;
- les mesures assurant la liberté d'expression et la transmission à l'employeur des vœux et avis exprimés ;
- les mesures permettant aux salariés concernés, aux organisations syndicales représentatives et au comité social et économique (CSE) d'être informés des suites données par l'employeur aux vœux et avis ;
- les conditions spécifiques d'expression pour le personnel de l'encadrement.

L'employeur doit consulter le comité social et économique (CSE) sur les modalités d'exercice du droit d'expression des salariés en l'absence d'accord portant sur l'égalité professionnelle entre les femmes et les hommes ou de désignation d'un délégué syndical. Dans ce dernier cas, la consultation du CSE a lieu au moins une fois par an.

La formation en alternance

Chapitre 5

La formation en alternance a pour objectif de faciliter l'accès à l'emploi, à des travailleurs ou à des chômeurs de longue durée en difficulté de réinsertion, en associant une expérience en entreprise à une formation théorique.

1 Le contrat d'apprentissage

■ L'apprentissage

L'apprentissage concourt aux objectifs éducatifs de la Nation. Il contribue à l'insertion professionnelle. Il a pour objet de donner à des travailleurs, ayant satisfait à l'obligation scolaire, une formation générale, théorique et pratique, en vue de l'obtention d'une qualification professionnelle sanctionnée par un diplôme de l'enseignement (CAP, BEP, Bac pro, BTS, licence, master...) ou un titre à finalité professionnelle enregistré au répertoire national des certificats professionnels.

L'apprentissage est une forme de ***formation alternée*** associant :

- ***une formation pratique dans une entreprise*** ;
- ***une formation théorique*** (enseignement général et technologique) ***dispensée en centre de formation d'apprentis (CFA)***. La durée de formation en CFA ne peut être inférieure à 25 % de la durée du contrat d'apprentissage. Le temps de formation est considéré comme temps de travail.

■ Le contrat d'apprentissage

Le contrat d'apprentissage est un contrat de travail de type particulier conclu entre un apprenti qui a le statut de salarié (ou son représentant légal) ***et un employeur***. L'employeur s'engage, outre le versement d'un salaire, à assurer à l'apprenti une formation professionnelle complète, dispensée pour partie en entreprise et pour partie en CFA. L'apprenti s'oblige, en vue de sa formation, à travailler pour cet employeur pendant la durée du contrat et à suivre cette formation.

Le contrat d'apprentissage peut être conclu soit pour une durée déterminée (CDD), soit pour une durée indéterminée (CDI). Dans ce dernier cas, il débute par une période d'apprentissage pendant laquelle les dispositions concernant le contrat d'apprentissage s'appliquent. À l'issue de cette période, la relation contractuelle se poursuit sans qu'aucune période d'essai ne soit imposée. Un salarié en CDI peut aussi conclure un contrat d'apprentissage avec son employeur. Le CDI est alors suspendu pendant la durée du contrat d'apprentissage.

Le contrat d'apprentissage fait l'objet d'un écrit établi à l'aide du contrat-type ou d'une dématérialisation par voie électronique. Il est signé par les 2 parties contractantes préalablement à l'emploi de l'apprenti. Il fait l'objet d'un dépôt auprès de l'opérateur de compétences (*cf.* chapitre 6).

Le contrat d'apprentissage comporte des mentions obligatoires :

- le nom et l'adresse de l'employeur, de l'apprenti et de son représentant légal si nécessaire ;
- la désignation du diplôme sanctionnant cette formation ;
- la date du début de son exécution, de la période de formation pratique chez l'employeur et la date du début de la période de formation en CFA. La date du début de formation chez l'employeur de même que celle du CFA ne peut être postérieure de plus de 3 mois à celle du début d'exécution du contrat ;
- la durée du contrat d'apprentissage ou de la période d'apprentissage s'il s'agit d'un CDI ;
- le salaire de l'apprenti pour chaque année de l'apprentissage ;
- la dénomination et l'adresse du CFA ;
- le nom du ou des maîtres d'apprentissage avec les titres ou diplômes dont ils sont titulaires, ainsi que la durée de leur expérience professionnelle.

Capacités de l'employeur	**Capacités de l'apprenti**
Garantir que l'équipement de l'entreprise, les techniques utilisées, les conditions de travail, les conditions d'hygiène et de sécurité, les compétences professionnelles et pédagogiques du maître d'apprentissage sont de nature à permettre une formation satisfaisante (2 apprentis par maître d'apprentissage plus un redoublant).	Être âgé de 16 ans au moins (15 ans s'il sort de 3e) à 30 ans (29 ans révolus) au début de l'apprentissage (dérogations à la limite d'âge supérieure dans certains cas). Avoir passé la visite d'information et de prévention par le service médical du travail (*cf.* chapitre 14).
Obligations de l'employeur	**Obligations de l'apprenti**
Celles liées habituellement au contrat de travail.	
– Inscrire l'apprenti auprès d'un CFA. – Assurer la formation pratique de l'apprenti. – Inscrire l'apprenti à l'examen. – Prévenir les parents en cas d'absence (apprenti mineur).	– Suivre les enseignements du CFA. – Effectuer le travail qui lui est confié, celui-ci doit être en relation avec sa formation. – Se présenter à l'examen préparé.

La durée du contrat d'apprentissage

La durée du contrat varie entre 6 mois et 3 ans (portée éventuellement à 4 ans pour un travailleur handicapé). Elle est égale à la durée du cycle de formation préparant à la qualification qui fait l'objet du contrat, laquelle est fixée en fonction du type de profession et du niveau de qualification préparés. Elle peut être adaptée pour tenir compte du niveau initial de l'apprenti.

La rémunération de l'apprenti

Sauf dispositions conventionnelles plus favorables, l'apprenti perçoit un ***salaire déterminé en pourcentage du SMIC*** qui varie en fonction de l'âge du bénéficiaire et de sa progression dans le ou les cycles de formation faisant l'objet de l'apprentissage fixé par le barème suivant :

Barème pour la détermination du salaire de l'apprenti

Âge de l'apprenti	Année d'exécution du contrat		
	1re année	2e année	3e année
moins de 18 ans	27 % du SMIC	39 % du SMIC	55 % du SMIC
de 18 à 20 ans	43 % du SMIC	51 % du SMIC	67 % du SMIC
de 21 à 25 ans[1]	53 % du SMIC	61 % du SMIC	78 % du SMIC
25 ans et plus[1]	100 % du SMIC		

1. Si le salaire minimal conventionnel correspondant à l'emploi occupé est plus favorable, les pourcentages s'appliquent sur celui-ci.

Les années d'apprentissage sont déterminées de date à date à partir de la naissance du contrat. Le pourcentage variant en fonction de l'âge est appliqué à compter du mois qui suit celui au cours duquel l'apprenti a atteint l'âge. Lorsqu'un apprenti conclut un nouveau contrat d'apprentissage, sa rémunération est au moins égale à celle qu'il percevait lors de la dernière année d'exécution du contrat précédent, sauf quand l'application des rémunérations en fonction de son âge est plus favorable.

La résiliation anticipée du contrat d'apprentissage

La résiliation du contrat d'apprentissage, par l'une ou l'autre des parties, est ***libre jusqu'à l'échéance des 45 premiers jours, consécutifs ou non, de formation pratique en entreprise effectuée par l'apprenti***. À l'issue de cette période, il peut être rompu :

- par rupture amiable, le contrat peut être rompu par accord écrit des deux parties ;
- par l'employeur en licenciant l'apprenti en cas de force majeure, de faute grave, d'inaptitude constatée par le médecin du travail, de décès d'un employeur maître d'apprentissage dans le cadre d'une entreprise unipersonnelle ou en cas d'exclusion définitive de l'apprenti du CFA. L'employeur doit respecter la procédure de licenciement ;

– par l'apprenti en démissionnant en respectant un préavis ou en mettant fin au contrat en cas d'obtention du diplôme préparé (délai de prévenance de 2 mois) ;
– en cas de liquidation judiciaire sans maintien de l'activité.

Les contrats d'apprentissage successifs

L'apprenti peut souscrire des contrats d'apprentissage successifs pour préparer des diplômes sanctionnant des qualifications différentes de même niveau (limité à 3) ou de niveaux différents.

2 Le contrat de professionnalisation

Le contrat de professionnalisation est un CDI ou un CDD destiné à ***permettre à son bénéficiaire d'acquérir un diplôme ou un titre professionnel*** enregistré au répertoire national des certifications professionnelles, une qualification reconnue par la convention collective ou un certificat de qualification professionnelle de branche ou interbranche ***et de favoriser son insertion ou sa réinsertion professionnelle***. Il associe une expérience professionnelle et des enseignements généraux, professionnels et technologiques dispensés par un organisme de formation.

Il peut être conclu par tout employeur assujetti à la contribution au financement de la formation professionnelle (sauf les employeurs d'employés de maison et d'assistants maternels).

Le bénéficiaire d'un contrat de professionnalisation doit :
– soit être âgé de 16 à 25 ans en vue de compléter sa formation initiale ;
– soit être bénéficiaire du RSA, de l'ASS, de l'AAH, avoir bénéficier d'un contrat unique d'insertion ou être demandeur d'emploi âgé d'au moins 26 ans.

Le contrat de professionnalisation a les caractéristiques suivantes :

Durée du contrat	– *Indéterminée* : l'action de professionnalisation se situe au début du contrat. – *Déterminée* : la durée du contrat de travail correspond à la durée de l'action de professionnalisation. Le CDD peut être renouvelé une fois si le bénéficiaire n'a pu obtenir la qualification envisagée pour cause d'échec à l'examen, de maternité, de maladie, d'accident du travail ou de défaillance de l'organisme de formation. La durée minimale de l'action de professionnalisation est comprise entre 6 et 12 mois. Elle peut être allongée jusqu'à 24 mois si la nature de la qualification visée l'exige. Elle peut être portée directement à 36 mois, si le bénéficiaire d'un CDD n'est pas titulaire d'un diplôme de l'enseignement technologique ou professionnel, est inscrit comme demandeur d'emploi depuis plus d'un an ou est bénéficiaire du RSA, de l'ASS, de l'AAH, ou d'un contrat unique d'insertion.
Période d'essai	Sa durée correspond à celle applicable au CDI ou au CDD.

Durée du travail	Correspond à la durée hebdomadaire de travail pratiquée dans l'entreprise, temps de formation compris.
Rémunération	Pendant la durée du CDD ou de l'action de professionnalisation dans le cas d'un CDI, la rémunération est calculée en pourcentage du SMIC en fonction de l'âge du bénéficiaire et du niveau de sa formation : – ***moins de 26 ans*** : • moins de 21 ans : 55 % du SMIC, • moins de 26 ans : 70 % du SMIC. Taux majorés de 10 % si titulaire d'un Bac pro ou d'un titre équivalent ; – ***26 ans et plus*** : la rémunération ne peut être inférieure ni à 100 % du SMIC ni à 85 % du salaire minimum conventionnel.
Formation	L'employeur s'engage à assurer au titulaire du contrat de professionnalisation une formation lui permettant d'acquérir une qualification professionnelle et à lui fournir un emploi en relation avec cet objectif pendant la durée du CDD ou de l'action de professionnalisation du CDI. Le bénéficiaire du contrat de professionnalisation s'engage à travailler pour le compte de son employeur et à suivre la formation prévue au contrat. La durée minimale de la formation est comprise entre 15 %, sans pouvoir être inférieure à 150 heures, et 25 % de la durée totale du CDD ou de l'action de professionnalisation en cas de CDI. La durée des actions de formation peut être portée au-delà de 25 % par voie conventionnelle. L'employeur désigne un tuteur chargé d'accueillir et de guider le bénéficiaire du contrat dans l'entreprise.

3 Les stages en entreprise

Les enseignements scolaires et universitaires peuvent comporter, respectivement, des périodes de formation en milieu professionnel ou des stages. Ils sont soumis aux mêmes règles.

Tout stage ou toute période de formation en milieu professionnel doit faire l'objet d'une convention entre le stagiaire, l'entreprise d'accueil et l'établissement d'enseignement qui précise les engagements respectifs des parties à la convention. Aucune convention ne peut être conclue pour exécuter une tâche régulière correspondant à un poste de travail permanent, pour faire face à un accroissement temporaire de l'activité, pour occuper un emploi saisonnier ou pour remplacer un salarié en cas d'absence ou de suspension de son contrat de travail.

Le stage est intégré à un cursus pédagogique. Sa durée ne peut dépasser ***6 mois renouvellement inclus***. Le stage s'effectue sous la direction et le contrôle de l'établissement d'enseignement. Le jeune en stage n'étant pas sous la subordination juridique de l'employeur conserve son statut d'élève ou d'étudiant.

L'entreprise d'accueil doit :

- respecter un délai de carence entre chaque convention (le tiers de la durée du stage précédent) ;
- accueillir un nombre de stagiaires inférieur à 15 % de l'effectif de l'entreprise ;
- inscrire chaque stagiaire sur le registre unique du personnel ;
- faire passer une visite médicale au stagiaire ;
- respecter les règles relatives à la durée du travail ainsi que les dispositions relatives à l'hygiène, à la sécurité et aux conditions de travail en vigueur dans l'entreprise ;
- verser une gratification au stagiaire à compter du premier jour du premier mois de stage dès lors qu'il est d'une durée supérieure à 2 mois consécutifs ou non, au cours de la même année. À défaut de convention de branche ou d'accord professionnel étendu, le montant horaire de la gratification est fixé à 15 % du plafond horaire de la Sécurité sociale, soit 3,9 € de l'heure.

4 Le droit à l'accompagnement des jeunes vers l'emploi et l'autonomie

Tout jeune de 16 à 25 ans révolus en difficulté et confronté à un risque d'exclusion professionnelle a droit à un accompagnement vers l'emploi et l'autonomie organisé par l'État.

L'accompagnement du jeune en difficulté peut prendre la forme d'un parcours contractualisé d'accompagnement vers l'emploi et l'autonomie conclu avec l'État, élaboré avec le jeune et adapté à ses besoins identifiés lors d'un diagnostic. Le contrat d'engagement est signé préalablement à l'entrée dans le parcours contractualisé d'accompagnement vers l'emploi et l'autonomie. ***Le jeune peut bénéficier d'une allocation versée par l'État et modulable en fonction de sa situation***.

La Garantie jeunes est une modalité spécifique du parcours contractualisé d'accompagnement vers l'emploi et l'autonomie. Elle est un droit ouvert à tout jeune qui vit hors du foyer de ses parents ou au sein de ce foyer sans recevoir de soutien financier de ses parents, qui n'est pas étudiant, ne suit pas une formation et n'occupe pas un emploi et dont le niveau de ressources ne dépassent pas un montant fixé par décret, dès lors qu'il s'engage à respecter les engagements conclus dans le cadre de son parcours contractualisé. La Garantie jeunes ***comporte un accompagnement intensif du jeune, ainsi qu'une allocation dégressive en fonction de ses ressources d'activité***.

Le droit à un accompagnement vers l'emploi et l'autonomie est mis en œuvre par les organismes concourant au service public de l'emploi (SPE) ou tout autre organisme désigné par le représentant de l'État dans le département (*cf.* chapitre 7). L'allocation versée dans ce cadre peut être suspendue ou supprimée en cas de non-respect par son bénéficiaire des engagements du contrat.

La formation professionnelle tout au long de la vie

Chapitre 6

La formation professionnelle est un droit pour le salarié à la formation et à la qualification professionnelle tout au long de sa vie. L'initiative de la formation revient soit à l'employeur soit au salarié.

La formation professionnelle tout au long de la vie constitue une obligation nationale. Elle vise à permettre à chaque personne, indépendamment de son statut, d'acquérir et d'actualiser des connaissances et des compétences favorisant son évolution professionnelle. Elle constitue un élément déterminant de sécurisation des parcours professionnels et de promotion des salariés.

Tout travailleur engagé dans la vie active ou toute personne que s'y engage a droit à la qualification professionnelle et doit pouvoir suivre, à son initiative, ***une formation lui permettant, quel que soit son statut, de progresser au cours de sa vie professionnelle d'au moins un niveau*** en acquérant une qualification correspondant aux besoins de l'économie prévisibles à court ou moyen terme.

Depuis le 1er janvier 2019, la gouvernance nationale de la formation professionnelle est confiée à un organisme unique France compétences administrée par un conseil d'administration composé de représentants de l'État, des régions, des organisations syndicales et patronales représentatives et de personnalités qualifiées et les organismes paritaires collecteurs deviennent des ***opérateurs de compétences (OPCO)***.

Les actions concourant au développement des compétences qui entrent dans le champ d'application des dispositions relatives à la formation professionnelle sont :

– ***les actions de formation*** : permettre à toute personne sans qualification ou sans contrat de travail d'accéder dans les meilleures conditions à un emploi, favoriser l'adaptation du salarié à son poste de travail et à l'évolution des emplois ainsi que son maintien dans l'emploi, réduire, pour le salarié dont l'emploi est menacé, les risques résultant d'une qualification inadaptée à l'évolution des techniques et des structures des entreprises ou favoriser la mobilité professionnelle ;

– ***les bilans de compétences*** ;
– ***les actions permettant de faire valider les acquis de l'expérience (VAE)*** ;
– ***les actions de formation par apprentissage***.

L'accès des salariés à des actions de formation professionnelle est assuré :

– ***à l'initiative de l'employeur***, le cas échéant, dans le cadre d'un plan de développement des compétences ;
– ***à l'initiative du salarié***, notamment par la mobilisation du compte personnel de formation (CPF) ;
– dans le cadre des contrats de professionnalisation (*cf.* chapitre 5).

Tout salarié bénéficie d'un conseil en évolution professionnelle dont l'objectif prioritaire est d'améliorer sa qualification. Cet accompagnement, mis en œuvre au niveau local dans le cadre du ***service public de l'orientation tout au long de la vie***, lui permet :

– d'être informé sur son environnement professionnel et l'évolution des métiers sur le territoire ;
– de connaître ses compétences et d'identifier celles à acquérir pour son évolution professionnelle ;
– d'identifier les emplois correspondant aux compétences qu'il a acquises ;
– d'être informé sur les dispositifs mobilisables pour la réalisation de son projet professionnel.

Chaque salarié est informé, notamment par son employeur, de la possibilité de cet accompagnement.

1 La formation à l'initiative de l'employeur

L'employeur assure l'adaptation des salariés à leur poste de travail. Il veille au maintien de leur capacité à occuper un emploi, au regard notamment de l'évolution des emplois, des technologies et des organisations. Il peut proposer des formations qui participent au développement des compétences, y compris numériques, ainsi qu'à la lutte contre l'illettrisme, notamment des actions d'évaluation et de formation permettant l'accès au socle de connaissances et de compétences.

■ L'entretien professionnel

Tout salarié bénéficie tous les 2 ans, d'un entretien professionnel avec son employeur consacré à ses perspectives d'évolution professionnelle, notamment en termes de qualifications et d'emploi. Cet entretien qui n'a pas pour objet d'évaluer le travail du salarié, comporte également des informations relatives à la VAE, à l'activation par le salarié de son CPF, aux abondements de ce compte que l'employeur est susceptible de financer et au conseil en évolution professionnelle. Il est proposé au salarié à l'issue de certains congés (congé de maternité, congé parental d'éducation…).

Cet entretien donne lieu à la rédaction d'un document dont une copie est remise au salarié.

Tous les 6 ans, l'entretien professionnel fait un état des lieux récapitulatif du parcours professionnel du salarié permettant :

- de vérifier qu'il a bien bénéficié au cours des 6 dernières années des entretiens professionnels ;
- d'apprécier s'il a suivi au moins une action de formation, a acquis des éléments de certification par la formation ou par une VAE et a bénéficié d'une progession salariale ou professionnelle.

Un accord d'entreprise ou, à défaut, de branche peut prévoir d'autres modalités d'appréciation du parcours professionnel du salarié ainsi qu'une autre périodicité des entretiens professionnels.

■ *Le plan de développement des compétences*

Le plan de développement des compétences est l'ensemble des ***actions de formation retenues par l'employeur en fonction des objectifs poursuivis par l'entreprise*** (formations proposées par l'employeur et celles acceptées par lui provenant de propositions du comité social et économique (CSE) ou de demandes individuelles). Il donne lieu chaque année à la consultation du CSE.

■ *Le régime applicable aux heures de formation*

Toute action de formation qui conditionne l'exercice d'une activité ou d'une fonction, en application de dispositions légales et règlementaires, ***constitue un temps de travail effectif et donne lieu pendant sa réalisation au maintien par l'entreprise de la rémunération***.

Les autres actions de formation constituent également un temps de travail effectif et donnent lieu pendant leur déroulement au maintien par l'entreprise de la rémunération, à l'exception :

- ***des actions de formation déterminées par accord collectif d'entreprise*** ou, à défaut, de branche ***qui peuvent se dérouler, en tout ou partie, hors du temps de travail dans une limite horaire par salarié fixée par ledit accord***. L'accord peut également prévoir des contreparties mises en œuvre par l'employeur pour compenser les charges induites par la garde d'enfant pour les salariés qui suivent des formations se déroulant en dehors du temps de travail ;
- ***en l'absence d'accord collectif et avec l'accord du salarié, des actions de formation qui peuvent se dérouler, en tout ou partie, hors du temps de travail dans la limite de 30 heures par an et par salarié***. L'accord du salarié est formalisé et peut être dénoncé. Le refus du salarié ou la dénonciation de l'accord ne constitue ni une faute, ni un motif de licenciement.

■ *La clause de dédit-formation*

La clause de dédit-formation a pour but d'***obtenir d'un salarié bénéficiant d'une formation financée par l'entreprise l'engagement de rester au service de celle-ci pendant une durée minimale***. En cas de départ anticipé, il s'engage à rembourser les frais de formation ou à verser une indemnité forfaitaire. Cette clause peut figurer au contrat de travail ou l'employeur peut demander au salarié de la signer avant la formation.

2 Le compte personnel de formation (CPF)

Le compte personnel de formation (CPF) crée un droit universel d'évolution professionnelle attaché à la personne tout au long de la vie active jusqu'à la retraite. Le CPF permet à son titulaire de se constituer un capital temps de formation qu'il utilise à son initiative. ***Le CPF est une composante du compte personnel d'activité (CPA)*** (*cf.* chapitre 7).

Les caractéristiques du compte personnel de formation (CPF) sont les suivantes :

Bénéficiaire	*Toute personne âgée d'au moins 16 ans peut ouvrir un CPF qu'elle soit* : – *salariée* (15 ans si elle est en apprentissage) ; – *à la recherche d'un emploi* ; – *travailleur indépendant* ; – *membre d'une profession libérale ou d'une profession non salariée* ; – *conjoint collaborateur*.
Alimentation	***Le CPF est comptabilisé en euros***. Il est alimenté en euros à la fin de chaque année et, le cas échéant, par des abondements en droits complémentaires. Les heures acquises au titre du CPF et du droit individuel à la formation au 31 décembre 2018 sont converties en euros à raison de 15 € l'heure. ***Le compte du salarié ayant effectué une durée de travail supérieure ou égale à la moitié de la durée légale ou conventionnelle du travail sur l'ensemble de l'année est alimenté à la fin de cette année dans la limite d'un plafond. La valeur de ce plafond ne peut excéder 10 fois le montant annuel de cette alimentation. Au 1er janvier 2019, le montant annuel de l'alimentation est fixé à 500 € et le plafond à 5 000 €***. Ces montants sont revalorisés tous les 3 ans. Le compte du salarié ayant effectué une durée de travail inférieure à la moitié de la durée légale ou conventionnelle du travail sur l'ensemble de l'année est alimenté à la fin de cette année à due proportion de la durée de travail effectuée dans la limite du plafond. Pour le salarié qui n'a pas atteint un niveau de formation sanctionné par un diplôme ou titre professionnel classé au niveau V (CAP ou BEP), l'alimentation se fait à hauteur d'un montant annuel et d'un plafond égal à 1,6 fois ceux applicables aux autres salariés, soit 800 € dans la limite d'un plafond de 8 000 €. Le salarié saisonnier peut bénéficier, en application d'un accord collectif ou d'une décision unilatérale de l'employeur, de droits majorés sur son CPF. Un accord d'entreprise ou de groupe peut prévoir des modalités d'alimentation du CPF plus favorable dès lors qu'elles sont assorties d'un financement spécifique à cet effet. Le CPF comptabilise aussi les droits acquis en application du compte d'engagement citoyen (CEC) de son titulaire, dans la limite d'un plafond (*cf.* chapitre 11).

Information	Le titulaire d'un CPF a connaissance du montant de ses droits inscrits sur son compte et des abondements dont il peut bénéficier en accédant à un service dématérialisé gratuit : *moncompteformation.gouv.fr*. Ce service donne également des informations sur les formations éligibles. Il assure la prise en charge des actions de formation, de l'inscription du titulaire du compte aux formations jusqu'au paiement des prestataires. Un traitement automatisé de données à caractère personnel dénommé « *système d'information du CPF* » permet la gestion et l'utilisation des droits inscrits sur le CPF. Ce traitement intègre la possibilité de disposer d'un ***passeport d'orientation, de formation et de compétences***, consultable exclusivement par son titulaire, qui recense les formations et les qualifications suivies dans le cadre de la formation initiale ou continue ainsi que les acquis de l'expérience professionnelle.
Formations éligibles	Les formations éligibles dans le cadre du CPF sont : – les actions de formation sanctionnées par les certifications professionnelles enregistrées au repertoire national, celles sanctionnées par les attestations de validation de blocs de compétences et celles sanctionnées par les certifications et habilitations enregistrées dans le répertoire spécifique établi par France compétences comprenant notamment la certification relative au socle de connaissances et de compétences professionnelles ; – les actions de formation permettant de faire valider les acquis de l'expérience ; – les bilans de compétences ; – la préparation de l'épreuve théorique du code de la route et de l'épreuve pratique du permis des véhicules du groupe léger et du groupe lourd ; – les actions de formation d'accompagnement et de conseil dispensées aux créateurs ou repreneurs d'entreprises ayant pour objet de réaliser leur projet de création ou de reprise d'entreprise et de pérenniser l'activité de celle-ci ; – les actions de formation destinées à permettre aux bénévoles et aux volontaires en service civique d'acquérir les compétences nécessaires à l'exercice de leurs missions. Seules les droits acquis au titre du compte d'engagement citoyen peuvent financer ces actions. Le CPF peut être mobilisé pour la prise en charge d'une formation à l'étranger.
Mise en œuvre	***Le CPF ne peut être mobilisé qu'avec l'accord exprès de son titulaire***. Son refus de le mobiliser ne constitue pas une faute. ***Les droits inscrits sur le CPF permettent à son titulaire de financer une formation éligible au compte***. Lorsque le coût de cette formation est supérieur au montant des droits inscrits sur le compte, il peut faire l'objet, à la demande de son titulaire, d'abondements en droits complémentaires pour assurer le financement de cette formation. Ces abondements peuvent être financés notamment par le titulaire lui-même, son employeur, un opérateur de compétences, l'État, la région ou une autre collectivité territoriale, Pôle emploi… Lorsque la formation financée dans le cadre du CPF est suivie en tout ou en partie pendant le temps de travail, le salarié demande une autorisation d'absence à l'employeur qui lui notifie sa réponse dans un délai fixé par décret. L'absence de réponse de l'employeur vaut acceptation.

	Les heures consacrées à la formation pendant le temps de travail constituent un temps de travail et donnent lieu au maintien de la rémunération du salarié.
Portabilité	*Les droits inscrits sur le CPF demeurent acquis en cas de changement de situation professionnelle ou de perte d'emploi de son titulaire*.
Fermeture du CPF	À compter de la date à laquelle son titulaire a fait valoir l'ensemble de ses droits à la retraite, le CPF cesse d'être alimenté, sauf pour les droits inscrits au titre du compte d'engagement citoyen. Le CPF est fermé à la date de décès de la personne.

3 La formation à l'initiative du salarié

■ Le CPF de transition professionnelle (CPF-TP)

Tout salarié peut mobiliser les droits inscrits sur son CPF afin que celui-ci contribue au financement d'une action de formation certifiante destinée à lui permettre de changer de métier ou de profession dans le cadre d'un projet de transition professionnelle. Dans le cadre de ce projet, le salarié bénéficie, au titre du conseil en évolution professionnelle, d'un positionnement préalable. Ce positionnement a pour objet d'identifier ses acquis professionnels permettant d'adapter la durée du parcours de formation proposé. Le salarié bénéficie d'un congé spécifique lorsqu'il suit l'action de formation en tout ou partie durant son temps de travail.

Pour bénéficier d'un projet de transition professionnelle le salarié doit :

- ***justifier d'une ancienneté minimale en qualité de salarié*** fixée par décret, sauf pour le travailleur handicapé ou le salarié ayant changé d'emploi suite à un licenciement pour motif économique ou pour inaptitude sans avoir suivi de formation entre son licenciement et son réemploi ;
- ***présenter son projet à la commission paritaire interprofessionnelle régionale (CPIR)*** qui apprécie la pertinence du projet et du positionnement préalable, instruit la demande de prise en charge financière et autorise la réalisation et le financement du projet. La décision de la commission est motivée et notifiée au salarié.

La durée du projet de transition professionnelle correspond à la durée de l'action de formation. Elle ne peut être imputée sur la durée du congé payé annuel. Le projet de transition professionnelle est assimilé à une période de travail pour la détermination des droits de l'intéressé en matière de congé payé annuel et à l'égard des droits que le salarié tient de son ancienneté dans l'entreprise.

Le salarié bénéficiaire du projet de transition professionnelle a droit à une rémunération minimale déterminée par décret. Elle est versée par l'employeur qui est remboursé par la commission paritaire interprofessionnelle régionale.

Le bilan de compétences

Le bilan de compétences a pour objet de permettre à un salarié d'analyser ses compétences professionnelles et personnelles ainsi que ses aptitudes et ses motivations afin de définir un projet professionnel et, le cas échéant, un projet de formation. Il ne peut être réalisé qu'avec le consentement du salarié. Son refus ne constitue ni une faute ni un motif de licenciement. Le bilan de compétences est réalisé dans le cadre du CPF.

Les résultats du bilan de compétences sont communiqués à l'intéressé et, à sa demande, à l'opérateur du conseil en évolution professionnelle.

La durée du bilan de compétence ne peut excéder 24 h par bilan.

La validation des acquis de l'expérience (VAE)

Les actions permettant de faire valider les acquis de l'expérience ont pour objet l'acquisition d'une certification professionnelle enregistrée au répertoire national des certifications professionnelles.

La personne qui demande la VAE doit justifier d'avoir exercé pendant au moins 1 an, de façon continue ou non, une activité professionnelle, salariée, non salariée, bénévole ou de volontariat, ou ayant exercé des responsabilités syndicales, un mandat électoral local ou une fonction élective locale en rapport direct avec l'objet de sa demande.

L'organisme certificateur se prononce, dans un délai de 2 mois à compter de la réception de la demande, sur la recevabilité du candidat à la VAE. L'absence de réponse vaut recevabilité de la demande. Toute personne dont la candidature a été déclarée recevable peut bénéficier d'un accompagnement dans la préparation de son dossier et de son entretien avec le jury en vue de la validation des acquis de son expérience.

Lorsqu'un salarié fait valider les acquis de son expérience en tout ou partie pendant le temps de travail et à son initiative, il bénéficie d'un congé à cet effet. Le salarié demande à l'employeur une autorisation d'absence. L'employeur peut refuser cette autorisation pour des raisons de service, motivant son report sous un délai et selon des modalités définis par décret.

La durée de cette autorisation d'absence ne peut excéder 24 h par session. Cette durée peut être augmentée par accord collectif pour les salariés n'ayant pas atteint un niveau de qualification fixé par décret ou dont l'emploi est menacé par les évolutions économiques ou technologiques.

Les heures consacrés à la VAE bénéficiant de l'autorisation d'absence constituent du temps de travail effectif et donnent lieu au maintien de la rémunération et de la protection sociale du salarié.

Les frais afférents aux actions de VAE comprennent les frais de procédure et d'accompagnement.

La validation est prononcée par un jury. Elle produit les mêmes effets que le succès aux épreuves de contrôle des connaissances et des aptitudes qu'elle remplace. Dans le cas où le candidat n'obtient qu'une validation partielle, les parties de certification lui sont acquises définitivement et peuvent lui permettre de satisfaire au contrôle complémentaire sans limitation de durée.

La VAE peut avoir lieu à l'initiative de l'employeur ; dans ce cas, le consentement du salarié est obligatoire et son refus ne constitue ni une faute ni un motif de licenciement.

■ La reconversion ou la promotion par l'alternance (RPA)

La reconversion ou la promotion par l'alternance (RPA) a pour objet de permettre au salarié de changer de métier ou de profession, ou de bénéficier d'une promotion sociale ou professionnelle par des actions de formation.

La RPA concerne les salariés en CDI, les salariés, qu'ils soient sportifs ou entraîneurs professionnels, en CDD et les salariés bénéficiaires d'un CDI dans le cadre du contrat unique d'insertion (CUI) (*cf.* chapitre 8), notamment les salariés dont la qualification est insuffisante au regard de l'évolution des technologies ou de l'organisation du travail.

Les actions de formation ont pour objet de permettre, à des salariés dont la qualification est inférieure ou égale à un niveau déterminé par décret, d'acquérir une qualification professionnelle sanctionnée par un diplôme ou un titre à finalité professionnelle enregistré au repertoire national des certifications professionnelles, de favoriser l'insertion ou la réinsertion professionnelle ainsi que de contribuer au développement des connaissances, des compétences et de la culture nécessaires à l'exercice de la citoyenneté.

La RPA associe des enseignements généraux, professionnels et technologiques dispensés dans des organismes publics ou privés de formation ou, lorsqu'elle dispose d'un service de formation, par l'entreprise ***et l'acquisition d'un savoir-faire par l'exercice en entreprise d'une ou plusieurs activités professionnelles en relation avec les qualifications recherchées***.

Les actions de formation peuvent être suivies dans le cadre du contrat d'apprentissage ou du contrat de professionnalisation. Elles sont financées par les opérateurs de compétences selon les modalités applicables à ces contrats en alternance.

Le contrat de travail du salarié fait l'objet d'un avenant qui précise la durée et l'objet de la reconversion ou de la promotion par alternance.

Les actions de formation de reconversion ou de promotion par alternance peuvent se dérouler pour tout ou partie en dehors du temps de travail à l'initiative soit du salarié, soit de l'employeur, après accord écrit du salarié.

Les actions de formation ayant pour objet de permettre au salarié de changer de métier ou de profession, ou de bénéficier d'une promotion sociale ou professionnelle par des actions de formation sont effectuées pendant le temps de travail, elles donnent lieu au maintien par l'employeur de la rémunération du salarié.

■ *La période de mobilité volontaire sécurisée*

La période de mobilité volontaire sécurisée a pour objet de permettre au salarié, avec l'accord de son employeur, d'exercer une activité dans une autre entreprise. Pendant cette période, son contrat de travail est suspendu. Son bénéfice est ouvert à tout salarié justifiant d'une ancienneté de 24 mois, consécutifs ou non, dans les entreprises d'au moins 300 salariés.

La période de mobilité donne lieu à un avenant au contrat de travail qui détermine l'objet, la durée, la date de prise d'effet, le terme de la période de mobilité, les modalités d'un retour anticipé, ainsi que le délai dans lequel le salarié informe par écrit l'employeur de son choix de ne pas réintégrer l'entreprise.

À son retour, le salarié retrouve de plein droit son précédent emploi ou un emploi similaire, assorti d'une rémunération au moins équivalente. S'il choisit de ne pas réintégrer son entreprise, le contrat de travail est rompu. Cette rupture constitue une démission sans aucun préavis, sauf s'il est prévu par l'avenant.

■ *Le congé pour participer aux instances de la formation continue*

Le congé pour participer aux instances de la formation continue a pour but de permettre au salarié désigné à cet effet de siéger dans une commission, un conseil ou un comité administratif ou paritaire appelés à traiter des problèmes de l'emploi et de la formation et de participer à un jury d'examen. L'employeur doit accorder au salarié le temps nécessaire à l'accomplissement de son activité (sauf en cas d'absence préjudiciable) et maintenir sa rémunération.

4 Le rôle des représentants du personnel

L'employeur consulte le CSE sur la formation professionnelle dans l'entreprise au cours de 2 des 3 consultations annuelles obligatoires (*cf.* chapitre 15) :
- ***la consultation sur les orientations de l'entreprise*** qui porte notamment sur la gestion prévisionnelle des emplois et des compétences, les orientations de la formation professionnelle ainsi que sur le plan de développement des compétences ;
- ***la consultation sur la politique sociale de l'entreprise*** qui porte notamment sur l'évolution de l'emploi, les qualifications, le programme pluriannuel de formation, les actions de formation envisagées par l'employeur, l'apprentissage, les conditions d'accueil en stage.

À l'occasion de ces réunions, le CSE est consulté sur la mise en œuvre du CPF, la reconversion ou la promotion par l'alternance (RPA) ainsi que sur les contrats de professionnalisation.

5 Le financement de la formation professionnelle

Les employeurs concourent, chaque année, au développement de la formation professionnelle et de l'apprentissage par :

– le financement direct des actions de formation de leurs salariés ;

– le versement de la contribution unique à la formation professionnelle et à l'alternance ;

– le versement de la contribution supplémentaire à l'apprentissage ;

– le versement de la contribution dédiée au financement de CPF pour les titulaires d'un CDD.

Ces contributions, variables en fonction de l'effectif de l'entreprise, sont assises sur le revenu d'activité retenu pour le calcul des cotisations sociales. Elles sont recouvrées par les URSSAF et reversées à France compétences.

La contribution unique à la formation professionnelle et à l'alternance est composée :

– de la taxe d'apprentissage ;

– de la contribution à la formation professionnelle.

Le montant de la contribution au financement de la formation professionnelle est dédié au financement de l'alternance, du conseil en évolution professionnelle, du développement des compétences des salariés des entreprises de moins de 50 salariés, de la formation des demandeurs d'emploi et du CPF. Son montant est fixée à :

– ***entreprises de moins de 10 salariés : 0,55 %*** du montant du revenu d'activité ;

– ***entreprises d'au moins 10 salariés : 1 %*** du montant du revenu d'activité.

L'entreprise qui atteint ou dépasse l'effectif de 10 salariés conserve le taux de 0,55 % l'année du dépassement et les 2 années suivantes.

Toute entreprise occupant un ou plusieurs salariés sous CDD doit verser, en complément de la participation légale, une contribution dédiée au financement du CPF de ces salariés égale à 1 % du montant du revenu d'activité.

L'entreprise de travail temporaire (ETT) est soumise à une contribution de 0,55 % pour l'ETT de moins de 10 salariés et de 1,3 % pour l'ETT d'au moins 10 salariés.

L'accès à l'emploi

Chapitre 7

Le placement des demandeurs d'emploi répond à 3 critères : la gratuité, l'égalité de traitement, et la transparence des offres d'emplois. Plusieurs acteurs participent au service public de l'emploi.

1 Les organismes de placement des demandeurs d'emploi

■ *Le service public de l'emploi (SPE)*

Le service public de l'emploi (SPE) comprend le placement, l'indemnisation, l'insertion, la formation et l'accompagnement des demandeurs d'emploi. Il repose sur 3 catégories d'acteurs :

– ***les acteurs qui assurent le service public de l'emploi*** : Pôle emploi et l'Association nationale pour la formation professionnelle des adultes (AFPA) ;

– ***les acteurs qui participent au service public de l'emploi*** : les organismes publics ou privés dont l'objet consiste en la fourniture de services relatifs au placement, à l'insertion, à la formation et à l'accompagnement des demandeurs d'emploi, les organismes liés à l'État par une convention relative à l'insertion par l'activité économique de personnes rencontrant des difficultés sociales et professionnelles particulières, les entreprises de travail temporaire ainsi que les agences de placement privées ;

– ***les acteurs qui concourent au service public de l'emploi*** : les collectivités territoriales et leurs groupements.

Pôle emploi

Pôle emploi est chargé d'assurer les missions suivantes : l'accueil, l'orientation, le placement, l'indemnisation et l'accompagnement des demandeurs d'emploi. Les partenaires sociaux, par le biais de l'UNEDIC continuent à administrer le régime d'assurance chômage et à fixer les modalités d'indemnisation de la privation d'emploi.

Pôle emploi est administré par ***un conseil d'administration*** qui comprend :

- 5 représentants de l'État ;
- 5 représentants des salariés désignés par les organisations syndicales de salariés représentatives au niveau national et interprofessionnel ;
- 5 représentants des employeurs désignés par les organisations syndicales d'employeurs représentatives au niveau national et interprofessionnel ;
- 2 personnalités qualifiées choisies en raison de leurs compétences dans les domaines d'activité de Pôle emploi et désignées par le ministre du Travail ;
- 1 représentant des collectivités territoriales, désigné sur proposition conjointe des associations des collectivités concernées.

Pôle emploi a pour ***mission*** de :

- ***prospecter le marché du travail***, procéder à la collecte des offres d'emploi, aider et conseiller les entreprises dans leur recrutement, assurer la mise en relation entre les offres et les demandes d'emploi. L'employeur n'est pas tenu de l'informer des places vacantes au sein de son entreprise ;
- ***accueillir, informer, orienter et accompagner les personnes***, qu'elles disposent ou non d'un emploi, à la recherche d'un emploi, d'une formation ou d'un conseil professionnel ;
- ***procéder aux inscriptions sur la liste des demandeurs d'emploi*** et tenir celle-ci à jour, ce qui comprend le contrôle de la recherche d'emploi et les décisions de radiation ;
- ***assurer le versement des allocations de remplacement*** pour le compte du régime d'assurance chômage et du régime de solidarité.

Toute personne à la recherche d'un emploi doit requérir son inscription sur la liste des demandeurs d'emploi auprès de Pôle emploi.

Les maisons de l'emploi

Les maisons de l'emploi, créées dans chaque région, associent l'État, Pôle emploi, les collectivités territoriales et, selon les cas, les organismes consulaires, les missions locales, les organismes de formation…

Elles ont pour mission :

- de mutualiser les moyens de chacun des acteurs du service public de l'emploi pour une meilleure efficacité du service rendu aux entreprises et aux demandeurs d'emploi ;
- d'améliorer l'ancrage territorial du service public de l'emploi, notamment en facilitant la participation des collectivités territoriales ;
- de participer à la mise en œuvre des actions de reclassement des salariés licenciés ou menacés de licenciement.

Les missions locales pour l'insertion professionnelle et sociale des jeunes

Les missions locales pour l'insertion professionnelle et sociale des jeunes ont pour objet d'aider les jeunes de 16 à 25 ans révolus à résoudre l'ensemble des problèmes que pose leur insertion professionnelle et sociale en assurant des fonctions d'accueil, d'information, d'orientation et d'accompagnement.

Le placement privé

L'activité de placement consiste à fournir, à titre habituel, des services visant à rapprocher offres et demandes d'emploi, sans que la personne physique ou morale assurant cette activité ne devienne partie aux relations de travail susceptibles d'en découler.

La fourniture de services de placement est exclusive de toute autre activité à but lucratif, à l'exception des services ayant pour objet le conseil en recrutement ou en insertion professionnelle.

Aucun service de placement ne peut être refusé à une personne à la recherche d'un emploi ou à un employeur pour un motif discriminatoire.

Le principe de gratuité de l'activité de placement s'applique aux personnes à la recherche d'un emploi. La facturation de services de placement aux employeurs est autorisée.

L'offre d'emploi

Le principe de libre diffusion des offres d'emploi est autorisé. La vente d'offres ou de demandes d'emploi, quel que soit le support utilisé, est interdite. Par contre, l'insertion, à titre onéreux, d'offres ou de demandes d'emploi dans une publication ou un autre moyen de communication payant est autorisée.

Le principe général de non-discrimination s'applique au contenu des offres d'emploi. Toute offre d'emploi publiée ou diffusée doit être datée.

Le recrutement

L'employeur procède à un premier tri des candidats, en fonction des critères définis, pour le poste à pourvoir. Cette sélection se réalise par l'analyse du curriculum vitæ et de la lettre de candidature accompagnant le CV. L'employeur peut ensuite pour sélectionner les candidats retenus utiliser différents moyens : l'essai professionnel, le questionnaire d'embauche, l'entretien...

Les informations demandées, sous quelque forme que ce soit, au candidat ne peuvent avoir comme finalité que d'apprécier sa capacité à occuper l'emploi proposé ou ses aptitudes professionnelles. Elles doivent présenter un lien direct et nécessaire avec l'emploi proposé ou avec l'évaluation des aptitudes professionnelles. Le candidat à un emploi est tenu d'y répondre de bonne foi.

2 L'embauche

L'âge d'admission au travail

L'âge d'admission au travail est de ***16 ans***, fin de l'obligation scolaire (15 ans pour l'apprentissage).

Les enfants de plus de 14 ans peuvent, pendant la moitié de leurs vacances scolaires, effectuer des travaux légers. L'employeur doit obtenir un accord préalable de l'inspecteur du travail.

L'interdiction de toute discrimination

Aucune personne ne peut être écartée d'une procédure de recrutement, de l'accès à un stage ou à une période de formation en entreprise, aucun salarié ne peut être sanctionné, licencié ou faire l'objet d'une mesure discriminatoire, notamment en matière de rémunération, de formation, de reclassement, d'affectation, de qualification, de classification, de promotion professionnelle, de mutation ou de renouvellement de son contrat en raison :

- de son origine, de son sexe, de ses mœurs, de son orientation sexuelle, de son identité de genre, de son âge, de sa situation de famille ou de sa grossesse, de ses caractéristiques génétiques, de la particulière vulnérabilité résultant de sa situation économique, apparente ou connue de son auteur, de son appartenance ou de sa non-appartenance, vraie ou supposée, à une ethnie, une nation, une prétendue race, de ses opinions politiques, de ses activités syndicales ou mutualistes, de ses convictions religieuses, de son apparence physique, de son nom de famille, de son lieu de résidence ou de sa domiciliation bancaire, ou en raison de son état de santé, de sa perte d'autonomie ou de son handicap, de sa capacité à s'exprimer dans une langue autre que le français ;
- du fait qu'elle a subi ou refusé de subir les agissements de harcèlement sexuel ou moral ou les agissements sexistes, qu'elle ait témoigné de tels agissements ou qu'elle les ait relatés.

Les priorités d'emploi

L'employeur doit, avant de pourvoir un poste, s'assurer qu'il n'existe pas de salariés bénéficiant d'une priorité d'emploi. Les différentes priorités d'embauche sont :

- ***la priorité de proposition*** pour le salarié occupant un emploi à temps partiel ou complet pour l'attribution d'un emploi à temps complet ou partiel ;
- ***le droit à réintégration*** pour le salarié à l'issue d'un congé maternité ou parental d'éducation, d'un congé pour accident du travail, d'un congé de formation, d'un congé sabbatique ou pour création d'entreprise ou après un mandat parlementaire ;
- ***la priorité de réembauchage*** pendant un an pour le salarié dont le contrat a été rompu ou qui n'a pu être réintégré (licenciement économique ou congé postnatal) ;
- ***l'obligation d'emploi de salariés handicapés*** : toute entreprise d'au moins 20 salariés doit occuper un pourcentage obligatoire d'handicapés fixé à 6 % de l'effectif. L'entreprise peut s'acquitter de cette obligation par le versement d'une contribution financière.

L'emploi des travailleurs étrangers

Les ressortissants des États membres de l'Union européenne peuvent exercer toute activité salariée sur l'ensemble du territoire sans avoir à solliciter d'autorisation de travail.

Les ressortissants des États non membres de l'Union européenne sont soumis au contrôle de l'Office français de l'immigration et de l'intégration (OFII). Pour exercer une activité, le travailleur étranger doit être titulaire d'une carte unique valant à la fois autorisation de séjour et autorisation de travail (carte de séjour temporaire ou carte de résident valable 10 ans).

3 Les formalités de l'embauche

L'employeur doit, avant toute embauche, procéder à une déclaration préalable à l'embauche (DPAE) auprès de l'organisme de protection sociale dont il dépend (URSSAF ou caisse de mutualité agricole s'il s'agit d'un salarié agricole). Cette déclaration comporte :

- les informations relatives à l'entreprise : dénomination sociale, code APE, adresse... ;
- les informations relatives au salarié embauché : nom, prénoms, sexe, date et lieu de naissance, numéro de Sécurité sociale ;
- la date et l'heure d'embauche ;
- la nature, la durée du contrat ainsi que la durée de la période d'essai éventuelle.

La DPAE permet à l'employeur d'accomplir, si nécessaire, les déclarations et demandes suivantes :

- l'immatriculation de l'employeur au régime général de la Sécurité sociale et au régime d'assurance chômage, en cas d'embauche du premier salarié ;
- la demande d'immatriculation du salarié à la caisse primaire d'assurance maladie (CPAM) ;
- la demande d'adhésion de l'employeur à un service de santé au travail ;
- la demande de visite d'information et de prévention ou d'examen médical d'aptitude du salarié.

Cette déclaration, adressée au plus tôt dans les 8 jours précédant la date prévisible de l'embauche, est transmise à l'organisme par lettre recommandée avec AR, par télécopie ou par voie électronique. L'organisme transmet à l'employeur un accusé de réception de la déclaration uniquement s'il a effectué la démarche par voie électronique.

Lors de l'embauche du salarié, l'employeur lui fournit une copie de la déclaration préalable à l'embauche ou de l'accusé de réception. Cette obligation de remise est considérée comme satisfaite dès lors que le salarié dispose d'un contrat de travail écrit, accompagné de la mention de l'organisme destinataire de la déclaration.

L'employeur procède à l'inscription du nouveau salarié sur le registre unique du personnel. La tenue de ce registre est obligatoire pour l'employeur. Elle peut être faite sur support informatique.

L'employeur doit, selon le poste occupé par le salarié, lui faire passer la visite d'information et de prévention après l'embauche dans un délai qui n'excède pas 3 mois après la prise de fonction ou l'examen médical d'aptitude avant l'embauche (*cf.* chapitre 14).

L'employeur doit transmettre à la DIRECCTE, chaque mois, le relevé des contrats de travail conclus et résiliés. Cette déclaration mensuelle des mouvements de personnel ne concerne que les entreprises occupant au moins 50 salariés. Elle est réalisée avec la déclaration sociale nominative (DSN).

La lutte contre le travail dissimulé

Est considéré comme travail dissimulé, ou travail clandestin, toute dissimulation totale ou partielle d'une activité professionnelle de production, de transformation ou de prestation de services – exercée à but lucratif – par une personne physique ou morale qui s'est soustraite intentionnellement à l'une des obligations suivantes :

- requérir son immatriculation – lorsque celle-ci est obligatoire – au répertoire des métiers ou au registre du commerce des sociétés ;
- procéder aux déclarations obligatoires aux organismes de protection sociale et à l'administration fiscale ;
- effectuer, en cas d'emploi de salariés, au moins deux des obligations suivantes : la remise de bulletin de salaire, la tenue du livre de paie ou la tenue du registre unique du personnel.

Le délit de travail dissimulé est également constitué lorsqu'une entreprise a eu recours à des pratiques de fausse sous-traitance, c'est-à-dire si, sous couvert d'un contrat de sous-traitance, elle emploie des travailleurs en état de subordination caractérisant un travail salarié.

4 Le compte personnel d'activité (CPA)

Le compte personnel d'activité (CPA) a pour objectifs, par l'utilisation des droits qui y sont inscrits, de renforcer l'autonomie et la liberté d'action de son titulaire et de sécuriser son parcours professionnel en supprimant les obstacles à la mobilité.

Le CPA contribue au droit à la qualification professionnelle et permet la reconnaissance de l'engagement citoyen.

Les caractéristiques du compte personnel d'activité sont les suivantes :

Bénéficiaire	***Toute personne âgée d'au moins 16 ans*** (15 ans si elle est en apprentissage) ***peut ouvrir un CPA*** si elle se trouve dans l'une des situations suivantes : – ***personne occupant un emploi***, y compris lorsqu'elle est titulaire d'un contrat de travail de droit français et qu'elle exerce son activité à l'étranger ; – ***personne à la recherche d'un emploi*** ou accompagnée dans un projet d'orientation et d'insertion professionnelles ; – ***personne accueillie dans un établissement et service d'aide par le travail*** ; – ***personne ayant fait valoir l'ensemble de ses droits à la retraite***. Toute personne âgée d'au moins 16 ans ne relevant d'aucune des trois premières situations peut ouvrir un CPA afin de bénéficier du compte d'engagement citoyen et d'accéder aux services en ligne mentionnés ci-après.
Contenu	***Le CPA est constitué***, s'ils existent, des comptes suivants : – ***le compte personnel de formation (CPF)*** (*cf.* chapitre 6) ; – ***le compte professionnel de prévention (C2P)*** (*cf.* chapitre 18) ; – ***le compte d'engagement citoyen (CEC)*** (*cf.* chapitre 11) ; Le CPA organise la conversion des droits selon les modalités prévues par chacun des comptes le constituant. Les droits inscrits sur le CPA, y compris en cas de départ à l'étranger, demeurent acquis par leur titulaire jusqu'à leur utilisation ou à la fermeture du compte.
Information	***Le titulaire d'un CPA peut consulter les droits inscrits sur celui-ci et peut les utiliser en accédant à un service en ligne gratuit***. Chaque titulaire d'un CPA a également accès à une plateforme de services en lignes qui : – lui fournit une information sur ses droits sociaux et la possibilité de les simuler ; – lui donne accès à un service de consultation de ses bulletins de paie, lorsqu'ils ont été transmis par l'employeur sous forme électronique (*cf.* chapitre 12) ; – lui donne accès à des services utiles à la sécurisation des parcours professionnels et à la mobilité géographique et professionnelle. Le gestionnaire de la plateforme met en place des interfaces de programmation permettant à des tiers de développer et de mettre à disposition ces services.

Mise en œuvre	*Le titulaire du CPA peut utiliser les droits inscrits sur celui-ci au moyen du service en ligne en respectant les modalités d'utilisation spécifiques à chacun des comptes*. Le compte ne peut être mobilisé qu'avec l'accord exprès de son titulaire. Le refus du titulaire du compte de le mobiliser ne constitue pas une faute. Le titulaire du CPA a droit à un accompagnement global et personnalisé destiné à l'aider à exercer ses droits pour la mise en œuvre de son projet professionnel. Cet accompagnement est fourni dans le cadre du conseil en évolution professionnelle (*cf.* chapitre 6).
Fermeture du CPA	Le CPA est fermé à la date de décès de la personne.

Le contrat de travail

Chapitre 8

L'existence d'un contrat de travail se déduit lorsqu'une activité professionnelle est exercée sous l'autorité d'un employeur. Le contrat de travail est soumis à des formes particulières. Il peut aussi contenir des clauses négociées librement par les parties, à condition de respecter les règles légales et conventionnelles.

1 Les dispositions communes aux contrats de travail

Le contrat de travail est une convention par laquelle une personne, le salarié, s'engage à travailler pour le compte et sous la direction d'une autre personne, l'employeur, moyennant une rémunération, le salaire.

Les différents contrats de travail	Types de contrat	
Le contrat de droit commun : le contrat de travail à durée indéterminée (CDI).	CDI	
Les contrats de travail précaires :		
– le contrat de travail à durée déterminée (CDD) ;		CDD
– le contrat de travail temporaire (l'intérim) ;	CDI	CDD
– le contrat de travail à temps partagé ;	CDI	
– le contrat de travail saisonnier ;		CDD
– le contrat de chantier ou d'opération ;	CDI	
– le contrat de mission à l'exportation ;	CDI	
– le CDD senior ;		CDD
– le CDD à objet défini ;		CDD
– le contrat étudiant au sein des établissements d'enseignement supérieur.		CDD
Les contrats de travail destinés à l'aménagement du temps de travail :		
– le contrat de travail à temps partiel ;	CDI	CDD
– le contrat de travail intermittent.	CDI	
Les contrats de travail destinés à la formation et/ou à l'insertion :		
– le contrat d'apprentissage (*cf.* chapitre 4) ;	CDI	CDD
– le contrat de professionnalisation (*cf.* chapitre 4) ;	CDI	CDD
– le contrat initiative-emploi (CIE) ; } Contrat unique d'insertion (CUI)	CDI	CDD
– le contrat d'accompagnement dans l'emploi (CAE). } Parcours emploi compétence (PEC)	CDI	CDD

■ *La conclusion du contrat de travail*

Forme du contrat de travail	
Écrit	Obligatoire pour tous les contrats de travail. Seul le CDI à temps complet peut être non-écrit sauf disposition conventionnelle contraire et sous réserve du respect des formalités liées à l'embauche. Avec la remise de l'écrit qui reprend les informations contenues dans la déclaration préalable à l'embauche et un bulletin de salaire, le salarié peut faire la preuve de son appartenance à l'entreprise.
En français	Constaté par écrit, il doit être rédigé en français même s'il doit être exécuté à l'étranger. Le salarié étranger peut demander une traduction du contrat de travail dans sa langue natale.
Conditions de validité	
Consentement	Personnel et réciproque (non forcé par l'erreur, le dol ou la violence).
Capacité à contracter	– ***Employeur*** : personne physique (majeure) ou personne morale. – ***Salarié*** : personne physique (consentement du représentant légal si mineur).
Objet du contrat	Être possible, déterminé ou déterminable et licite.
Cause du contrat	Licite et non contraire à l'ordre public et aux bonnes mœurs.
Contenu du contrat de travail	
Clauses générales	
Identité des parties, lieu de travail, grade ou qualité du salarié, date de début du travail, éléments du salaire, périodicité de la rémunération, durée du travail journalière ou hebdomadaire.	
Clauses particulières	
Période d'essai	Période pendant laquelle les parties sont libres de rompre leur engagement à tout moment sans aucune formalité. À l'issue de cette période (éventuellement renouvelable) l'engagement devient définitif.
Clause de non-concurrence	Prémunir l'employeur d'une concurrence éventuelle du salarié après la cessation de ses fonctions. Elle n'existe que dans le cadre d'un CDI.
Clause de dédit-formation	Obtenir du salarié bénéficiant d'une formation financée par l'entreprise l'engagement de rester au service de celle-ci pendant une durée minimale.
Clause de mobilité	Obtenir du salarié qu'il accepte, par avance, la modification de son lieu de travail.
Clause d'exclusivité	Interdire au salarié pendant l'exécution de son contrat de travail de travailler pour d'autres employeurs ou de se livrer à des activités concurrentes.
Clause de rémunération forfaitaire	Lier le salarié par une convention prévoyant une rémunération forfaitaire pour un horaire déterminé (accomplissement régulier d'heures supplémentaires) ou pour un horaire indéterminé (rémunération indépendante du temps de travail).

Les obligations des parties

Chaque partie liée par un contrat de travail est tenue de respecter ses obligations.

Les obligations de l'employeur	Les obligations du salarié
– Procurer au salarié le travail convenu et les moyens pour le réaliser. – Rémunérer le salarié au taux et aux dates prévus. – Respecter la réglementation légale (lois, CC…). – S'acquitter de toutes les cotisations obligatoires (Sécurité sociale, assurance chômage…).	– Exécuter personnellement et consciencieusement le travail convenu. – Prendre soin du matériel confié. – Respecter la discipline intérieure de l'entreprise. – Respecter le secret professionnel et s'abstenir de tout acte de concurrence.

La suspension du contrat de travail

Certains événements ou circonstances peuvent interrompre temporairement l'activité du salarié. Cette interruption du fait du salarié (maladie, CIF, grève...) ou du fait de l'employeur (mise à pied...) entraîne la suspension du contrat. Une retenue sur salaire est opérée sauf dispositions légales ou conventionnelles. Dans certains cas, cette perte de salaire est compensée par une indemnité.

Principaux congés liés à la personne du salarié entraînant la suspension du contrat de travail	
Congé de maternité	Toute salariée enceinte a droit, sans condition d'ancienneté, à un congé non rémunéré pour la naissance d'un enfant. La durée du congé est, pour la naissance du 1er enfant, de 16 semaines (6 avant l'accouchement et 10 après). Pendant le congé, la salariée perçoit les indemnités journalières de la Sécurité sociale.
Congé d'adoption	Tout(e) salarié(e) a droit, sans condition d'ancienneté, à un congé non rémunéré pour l'arrivée d'un enfant adopté au foyer. La durée du congé est égale à la durée du congé de maternité qui suit l'accouchement. Si le congé est partagé entre la mère et le père adoptifs, sa durée est augmentée de la durée du congé de paternité. Les congés peuvent être simultanés. Pendant le congé, le salarié(e) perçoit les indemnités journalières de la Sécurité sociale.
Congé de paternité et d'accueil de l'enfant	Tout salarié a droit, sans condition d'ancienneté, à un congé non rémunéré à l'occasion de la naissance de son enfant. La durée du congé est de 11 jours calendaires consécutifs au plus pour la naissance d'un enfant (18 jours en cas de naissance multiple). Le droit au congé est ouvert au partenaire du parent, y compris dans le cas d'un couple homosexuel. Pendant le congé, le salarié perçoit les indemnités journalières de la Sécurité sociale.
Congé pour maladie d'un enfant	Tout salarié a droit, sans condition d'ancienneté, à un congé non rémunéré en cas de maladie ou d'accident, constatés par certificat médical, d'un enfant à charge de moins de 16 ans. La durée du congé est au maximum de 3 jours par an. Elle est portée à 5 jours si l'enfant a moins d'un an ou si le salarié assume la charge de 3 enfants ou plus âgés de moins de 16 ans.

Congé parental d'éducation	Tout salarié, ayant plus d'un an d'ancienneté, peut bénéficier d'un congé non rémunéré pour élever son enfant (ou demander un travail à temps partiel). Ce congé est ouvert à la mère et/ou au père jusqu'au 3e anniversaire de l'enfant. La durée initiale est d'un an au plus et peut être renouvelée 2 fois.
Congé de présence parental	Tout salarié a droit, sans condition d'ancienneté, à un congé non rémunéré pour s'occuper de son enfant à charge victime d'une maladie, d'un accident ou d'un handicap grave. Le congé est constitué d'un crédit de 310 jours ouvrés correspondant au nombre maximum d'allocations journalières, à utiliser pendant une période de 3 ans au maximum.
Congé de proche aidant	Tout salarié, ayant plus d'un an d'ancienneté, peut bénéficier d'un congé non rémunéré pour s'occuper d'une personne vivant avec lui ou avec laquelle il entretient des liens étroits et stables et présentant un handicap ou une perte d'autonomie d'une particulière gravité. Le congé débute ou est renouvelé à l'initiative du salarié. Il ne peut excéder, renouvellement compris, la durée d'un an pour l'ensemble de sa carrière.

À l'issue de ces congés, le salarié réintègre son emploi ou un emploi équivalent.

■ *La modification du contrat de travail*

a) La modification à l'initiative du salarié

Le salarié peut demander une modification de son contrat de travail. L'employeur n'est pas tenu de l'accepter sauf demande émanant d'une salariée enceinte dont l'état de santé exige d'être affectée temporairement à un autre poste ou d'un(e) salarié(e) désirant un temps partiel pour élever ses enfants.

b) La modification à l'initiative de l'employeur

L'employeur peut modifier :

- ***soit le contrat de travail du salarié pour motif personnel*** (ex. : compétences du salarié), ***pour motif disciplinaire*** (ex. : mutation) ***ou pour motif économique*** (ex. : réorganisation de l'entreprise). Le salarié peut refuser la modification de son contrat de travail. Dans ce cas, l'employeur peut, soit renoncer à la modification, soit procéder au licenciement du salarié ;
- ***soit les conditions de travail du salarié***, c'est-à-dire modifier une modalité d'exécution non incluse dans le contrat (ex. : changement d'horaire de permanence). Le salarié peut refuser la modification de ses conditions de travail. En cas de refus, l'employeur peut soit renoncer à la modification, soit sanctionner le salarié, au besoin par un licenciement.

c) La modification de la situation juridique de l'employeur

En cas de modification de la situation juridique de l'employeur (succession, vente, fusion...), la règle est le maintien des contrats de travail, sauf en cas de changement d'activité de l'entreprise. Si le nouvel employeur souhaite procéder à des licenciements, il doit en respecter les procédures.

d) L'accord pour répondre aux nécessités de fonctionnement de l'entreprise

Afin de répondre aux nécessités liées au fonctionnement de l'entreprise ou en vue de préserver, ou de développer l'emploi, un accord d'entreprise peut :

- aménager la durée du travail, ses modalités d'organisation et de répartition ;
- aménager la rémunération dans le respect du salaire minimum interprofessionnel de croissance (SMIC) et des salaires minimas conventionnels ;
- déterminer les conditions de la mobilité professionnelle ou géographique interne à l'entreprise.

L'accord définit dans son préambule ses objectifs et peut préciser :

- les modalités d'information des salariés sur son application et son suivi pendant toute sa durée, ainsi que, le cas échéant, l'examen de la situation des salariés au terme de l'accord ;
- les conditions dans lesquelles fournissent des efforts proportionnés à ceux demandés aux salariés pendant toute sa durée, les dirigeants salariés ainsi que les mandataires sociaux et les actionnaires, dans le respect des compétences des organes d'administration et de surveillance ;
- les modalités selon lesquelles sont conciliées la vie professionnelle et la vie personnelle et familiale des salariés ;
- les modalités d'accompagnement des salariés ainsi que l'abondement du CPF au-delà du montant minimal fixé par décret.

L'accord est conclu pour une durée déterminée ou indéterminée. À défaut de stipulation sur sa durée, celle-ci est fixée à 5 ans.

Si l'accord met en place un dispositif d'aménagement du temps de travail sur une période de référence supérieure à la semaine, il ne peut déroger aux dispositions régissant le décompte des heures supplémentaires, l'information des salariés sur le changement dans la répartition de la durée de travail des salariés, le contenu des accords sur ce thème et le délai de prévenance des salariés en cas de changement de durée ou d'horaires lorsque l'accord ne stipule rien sur ce point.

Les stipulations de l'accord se substituent de plein droit aux clauses contraires et incompatibles du contrat de travail, y compris en matière de rémunération, et de durée de travail et de mobilité professionnelle ou géographique interne à l'entreprise.

Le salarié peut refuser la modification de son contrat de travail résultant de l'application de l'accord. Il dispose d'un délai d'un mois pour faire connaître son refus par écrit à l'employeur à compter de la date à laquelle ce dernier a informé les salariés, par tout moyen conférant date certaine et précise de l'existence et du contenu de l'accord. ***L'employeur dispose d'un délai de 2 mois à compter de la notification du refus du salarié pour engager une procédure de***

licenciement. Ce licenciement repose sur un motif spécifique qui constitue une cause réelle et sérieuse. Il est soumis à la procédure applicable au ***licenciement individuel pour motif personnel*** (*cf.* chapitre 9). Le salarié licencié bénéficie d'un abondement d'un montant minimal de 3 000 € de son compte personnel de formation (CPF) dans des conditions et limites définies par décret.

2 Le contrat de travail à durée indéterminée (CDI)

Le ***contrat de droit commun*** est le ***contrat de travail à durée indéterminée (CDI)***. Il s'impose à chaque fois qu'il s'agit de pourvoir durablement un emploi lié à l'activité normale et permanente de l'entreprise. Il se caractérise par le fait qu'il est conclu sans détermination de durée, c'est-à-dire sans que l'échéance du terme soit fixée par les parties contractantes. Il peut être conclu soit à temps complet, soit à temps partiel.

Le CDI peut comporter une période d'essai. Elle peut être renouvelée une fois si un accord de branche étendu le prévoit. La durée de la période d'essai est de :

Salariés	Durée maximale initiale	Durée renouvellement compris
Ouvriers et employés	2 mois	4 mois
Agents de maîtrise et techniciens	3 mois	6 mois
Cadres	4 mois	8 mois

L'employeur ou le salarié peut mettre un terme au CDI pendant la période d'essai à condition de respecter un délai de prévenance :

– l'employeur doit respecter à l'égard du salarié un délai de prévenance qui ne peut être inférieur à :
  - 24 heures en deçà de 8 jours de présence,
  - 48 heures entre 8 jours et un mois de présence,
  - 2 semaines après un mois de présence,
  - un mois après 3 mois de présence.

  La période d'essai ne peut être prolongée du fait de la durée du délai de prévenance. En cas de non-respect du délai de prévenance, le salarié a droit, sauf en cas de faute grave, à une indemnité compensatrice égale au montant des salaires qu'il aurait perçu s'il avait accompli son travail jusqu'à l'expiration de ce délai, indemnité de congés payés comprise ;

– le salarié doit respecter à l'égard de l'employeur un délai de prévenance de 48 heures, ramené à 24 heures si la durée de présence du salarié dans l'entreprise est inférieure à 8 jours.

3 Le contrat de travail à durée déterminée (CDD) et le contrat de travail temporaire (CTT)

L1242-1 CT + L1242-3

Le contrat de travail à durée déterminé (CDD) et le contrat de travail temporaire (CTT) ***ne peuvent avoir ni pour objet ni pour effet de pourvoir durablement un emploi lié à l'activité normale et permanente de l'entreprise***. L'employeur qui recourt à ce type de contrat peut :

- soit recruter directement le salarié avec un ***contrat de travail à durée déterminée (CDD)*** ;
- soit faire appel à une ***entreprise de travail temporaire (ETT)*** qui met à sa disposition des salariés embauchés et rémunérés par elle : le ***contrat de travail temporaire (CTT)***. L'ETT peut proposer des CDI aux intérimaires, leur assurant ainsi une rémunération minimale entre les missions.

■ Les cas de recours et durée du CDD et du CTT

L.1242-2 CT

Le CDD ou le CTT est conclu pour l'exécution d'une tâche précise et temporaire :

- soit ***avec un terme précis*** (contrat de date à date) : le terme est fixé avec précision ;
- soit ***sans terme précis*** : le contrat est conclu pour une durée minimale et prend fin lorsque l'objet pour lequel il a été conclu s'est réalisé.

Cas de recours au CDD ou au CTT (intérim)	Durée maximale	
	Avec terme précis	Sans terme précis
Le remplacement d'un salarié ou d'une personne :		
– remplacement d'un salarié absent ou passé provisoirement à temps partiel ou dont le contrat de travail est suspendu (ex. : maladie, mutation provisoire…) ou d'un chef d'entreprise artisanale, industrielle, commerciale ou agricole ;	18 mois	fin de l'absence
– remplacement d'un salarié dont le départ définitif précède la suppression du poste qui doit intervenir dans les 24 mois (consultation préalable du CSE) ;	24 mois	
– attente de l'entrée en fonction d'un salarié embauché en CDI mais non disponible immédiatement.	9 mois	réalisation de l'objet
L'accroissement temporaire d'activité :		
– accroissement temporaire d'activité (ex. : les périodes de fêtes) ;	18 mois	
– commande exceptionnelle à l'exportation ;	de 6 à 24 mois	
– tâche occasionnelle non liée à l'activité principale de l'entreprise ;	18 mois	
– réalisation de travaux urgents liés à des mesures de sécurité.	9 mois	
Le recrutement d'ingénieurs ou cadres en vue de la réalisation d'un objet défini.	de18 à 36 mois	
L'emploi saisonnier.	8 mois	réalisation de l'objet
L'emploi pour lequel il est d'usage de ne pas recourir au CDI en raison de la nature de l'activité et du caractère temporaire de cet emploi.	18 mois	réalisation de l'objet
Le détachement à l'étranger, et ce, quel que soit le motif du recours.	24 mois	réalisation de l'objet

Le recours à ces contrats est possible pour assurer une formation professionnelle ou pour favoriser l'embauche de certains demandeurs d'emploi.

Un accord de branche étendu peut fixer pour le CDD ou le CTT une durée maximale supérieure à celle fixée par le Code du travail. Cette durée ne peut avoir ni pour objet ni pour effet de pourvoir durablement un emploi lié à l'activité normale et permanente de l'entreprise.

■ *Le renouvellement du contrat*

Un accord de branche étendu peut fixer le nombre maximal de renouvellements possibles pour un CDD ou CTT. Ce nombre ne peut avoir ni pour objet ni pour effet de pourvoir durablement un emploi lié à l'activité normale et permanente de l'entreprise.

À défaut de stipulation dans l'accord de branche, le CDD ou le CTT est renouvelable 2 fois pour une durée déterminée sans pouvoir excéder la durée maximale prévue par l'accord de branche ou, à défaut, par les dispositions légales.

Les conditions de renouvellement sont stipulées dans le contrat ou font l'objet d'un avenant soumis au salarié avant le terme initialement prévu.

■ *Les contrats successifs*

a) Les contrats successifs avec le même salarié

Des contrats successifs avec le même salarié sont possibles lorsqu'ils sont conclus pour le remplacement d'un salarié ou d'une personne (*cf.* tableau p. 69), pour un emploi saisonnier ou pour un emploi pour lequel il est d'usage de ne pas recourir au CDI en raison de la nature de l'activité et du caractère temporaire de cet emploi.

b) Les contrats successifs sur le même poste

Un accord de branche étendu peut fixer les modalités de calcul du délai de carence entre 2 contrats sur le même poste avec le même salarié ou avec 2 salariés différents. À défaut de stipulation dans l'accord de branche, le délai de carence est égal :

- au tiers de la durée du contrat venu à expiration, si sa durée totale, renouvellement inclus, est de 14 jours ou plus ;
- à la moitié de la durée du contrat venu à expiration, si sa durée totale, renouvellement inclus, est inférieure à 14 jours.

Les jours pris en compte pour apprécier le délai de carence sont les jours d'ouverture de l'entreprise.

L'accord de branche peut aussi prévoir les cas dans lesquels le délai de carence n'est pas applicable.

À défaut de stipulation dans l'accord de branche, le délai de carence n'est pas applicable en cas de nouvelle absence du salarié ou de la personne remplacée, de travaux urgents nécessités par des mesures de sécurité, d'emploi saisonnier ou pour lequel il est d'usage de ne pas recourir au CDI, de refus par le salarié du renouvellement prévu au contrat (pour la durée du renouvellement) ou de rupture anticipée du fait du salarié, à son initiative ou pour faute grave.

■ *Les dispositions relatives au CDD et au CTT*

CDD : L1241-1 et s.

<table>
<tr><th>Caractéristiques</th><th>Contrat à durée déterminée (CDD)</th><th>Contrat de travail temporaire (CTT)</th></tr>
<tr><td>Contenu du contrat</td><td colspan="2">Objet pour lequel il a été conclu, durée de la période d'essai, qualification, rémunération, conditions éventuelles du renouvellement et possibilité d'embauche ultérieure par l'entreprise utilisatrice en cas de recours à l'intérim.
Il doit être remis dans les 2 jours suivant l'embauche ou la mise à disposition.</td></tr>
<tr><td>Période d'essai</td><td>• ≤ 6 mois : de 1 jour d'essai par semaine à 2 semaines d'essai maximum.
• > 6 mois : 1 mois d'essai.</td><td>• ≤ 1mois : 2 jours d'essai.
• de 1 mois à 2 mois : 3 jours d'essai.
• > 2 mois : 5 jours d'essai.</td></tr>
<tr><td>Rémunération</td><td colspan="2">Identique à celle d'un salarié de l'entreprise sous CDI de qualification équivalente et occupant les mêmes fonctions.</td></tr>
<tr><td>Indemnité de précarité</td><td colspan="2">10 % de la rémunération totale brute versée au terme du contrat sauf transformation du contrat en CDI, refus d'un CDI, rupture anticipée du fait du salarié, force majeure, faute grave, emploi saisonnier et emploi où il est d'usage de ne pas recourir à un CDI.
6 % par accord collectif en contrepartie d'un accès à la formation professionnelle.</td></tr>
<tr><td>Indemnité de congés payés</td><td colspan="2">10 % de la rémunération totale brute (indemnité de précarité incluse), quelle qu'ait été la durée du contrat de travail.</td></tr>
<tr><td>Jours fériés</td><td colspan="2">Paiement des jours fériés si les autres salariés de l'entreprise en bénéficient.</td></tr>
<tr><td>Droits du salarié</td><td>Mêmes droits que les autres salariés de l'entreprise.</td><td>Droits collectifs dans l'ETT et certains droits dans l'entreprise utilisatrice.</td></tr>
<tr><td>Rupture anticipée du contrat</td><td colspan="2">Accord des parties, force majeure, faute grave, embauche sous CDI chez un autre employeur (respect d'une période de préavis qui ne peut excéder 2 semaines).</td></tr>
</table>

■ *La lutte contre la précarité des emplois : le droit d'alerte sociale*

Lorsque le comité social et économique (CSE) a connaissance de faits susceptibles de caractériser un recours abusif aux CDD, aux contrats conclus avec une entreprise de portage salarial et au travail temporaire, ou lorsqu'il constate un accroissement important du nombre de salariés titulaires de CDD et de contrats de missions, il peut saisir l'inspecteur du travail. Ce dernier adresse à l'employeur le rapport de ses constatations. L'employeur communique ce rapport au CSE en même temps que sa réponse motivée dans laquelle il précise, en tant que de besoin, les moyens qu'il met en œuvre dans le cadre d'un plan de résorption de la précarité destiné à limiter le recours à ces formes de contrats de travail.

4 Le contrat de travail à temps partagé

Une entreprise de travail à temps partagé a pour toute activité exclusive la mise à disposition, à titre lucratif, de personnes qualifiées (ingénieurs, spécialistes en ressources humaines...) à des entreprises clientes qui ne peuvent les recruter elles-mêmes en raison de leur taille ou de leurs moyens.

Le salarié mis à disposition est embauché par l'entreprise de travail à temps partagé avec un CDI. Sa rémunération ne peut être inférieure à celle d'un salarié de niveau de qualification identique ou équivalent occupant le même poste ou les mêmes fonctions dans l'entreprise cliente.

5 Le contrat de travail à temps partiel

Le contrat à temps partiel est ***un CDI ou un CDD conclu pour une durée de travail***, fixée dans le cadre de la semaine ou, en moyenne, sur une période pouvant aller jusqu'à un an, ***inférieure à la durée légale du travail ou à la durée fixée conventionnellement*** pour la branche, l'entreprise ou l'établissement, ***si elle est inférieure***.

La durée minimale d'activité du salarié est fixée à 24 heures par semaine ou, le cas échéant, à l'équivalent mensuel de cette durée ou à l'équivalent calculé sur la période prévue par un accord collectif (*cf.* chapitre 10).

Le contrat à temps partiel est conclu par écrit. Il doit mentionner :

- la qualification du salarié ;
- les éléments de la rémunération ;
- la durée hebdomadaire ou mensuelle prévue ;
- la répartition de la durée de travail entre les jours de la semaine ou les semaines du mois ;
- les cas où une modification éventuelle de la répartition de la durée du travail peut intervenir ainsi que la nature de cette modification ;
- les modalités de communication au salarié des horaires de travail pour chaque journée ;
- les limites dans lesquelles peuvent être effectuées des heures complémentaires.

Un avenant au contrat peut augmenter temporairement la durée prévue par le contrat.

Le salarié à temps partiel a les mêmes droits que les autres salariés de l'entreprise. Il a la priorité pour occuper un emploi à temps complet dans l'entreprise. Réciproquement, un salarié à temps complet a la priorité pour occuper un emploi à temps partiel.

6 Le contrat de travail intermittent

Le recours au travail intermittent est limité uniquement ***aux emplois permanents qui, par nature, comportent une alternance de périodes travaillées et de périodes non travaillées*** (*cf.* chapitre 10). La possibilité de recourir à ce type de contrat est subordonnée à l'existence d'un accord collectif.

Le contrat de travail intermittent est un CDI. Il est conclu par écrit. Il doit mentionner :

– la qualification du salarié ;

– les éléments de la rémunération ;

– la durée annuelle minimale de travail du salarié ;

– les périodes de travail ainsi que la répartition des heures de travail à l'intérieur de ces périodes.

La rémunération doit en principe correspondre aux seules périodes travaillées. L'accord collectif peut prévoir le lissage de la rémunération.

Les heures dépassant la durée annuelle fixée au contrat ne peuvent excéder le tiers de cette durée sauf accord du salarié.

Si la nature de l'activité ne permet pas de fixer avec précision les périodes de travail et la répartition des heures de travail au sein de ces périodes, l'accord collectif détermine les adaptations nécessaires et notamment les conditions dans lesquelles le salarié peut refuser les dates et les horaires de travail que lui propose l'employeur.

7 Le contrat de travail saisonnier

L'emploi à caractère saisonnier est un emploi dont les tâches sont appelées à se répéter chaque année selon une périodicité à peu près fixe, en fonction du rythme des saisons ou des modes de vie collectifs ou un emploi pour lequel, dans certains secteurs d'activité il est d'usage constant de ne pas recourir au CDI en raison de la nature de l'activité exercée et du caractère par nature temporaire de l'emploi.

Le contrat de travail saisonnier est un CDD ou un CTT, avec ou sans terme précis. Sa durée ne peut excéder 8 mois par an. Il peut comporter une clause de reconduction pour la saison prochaine.

8 Le contrat de chantier ou d'opération

Un accord de branche étendu fixe les conditions dans lesquelles il est possible de recourir à un contrat conclu pour la durée d'un chantier ou d'une opération.

À défaut d'un tel accord, ce contrat peut être conclu dans les secteurs ou son usage est habituel et conforme à l'exercice régulier de la profession qui y recourt au 1er janvier 2017.

Le contrat de chantier ou d'opération est un CDI conclu pour la réalisation d'un ouvrage ou de travaux précis dont la durée ne peut être fixée avec précision.

L'accord collectif fixe :

- la taille des entreprises concernées ;
- les activités concernées ;
- les mesures d'information du salarié sur la nature de son contrat ;
- les contreparties en termes de rémunération et d'indemnité de licenciement accordées aux salariés ;
- les garanties en termes de formations pour les salariés concernés ;
- les modalités adaptées de rupture de ce contrat dans l'hypothèse où le chantier ou l'opération pour lequel ce contrat a été conclu ne peut pas se réaliser ou se termine de manière anticipée.

La rupture du contrat de chantier ou d'opération qui intervient à la fin du chantier ou une fois l'opération réalisée repose sur une cause réelle et sérieuse. Ce licenciement est soumis à la procédure applicable au ***licenciement individuel pour motif personnel*** (*cf.* chapitre 9).

9 Le contrat de mission à l'exportation

Un accord de branche ou un accord d'entreprise fixe les conditions dans lesquelles il est possible de recourir à un contrat de mission à l'exportation.

Le contrat de mission à l'exportation est un CDI conclu pour la réalisation d'une mission à l'exportation effectuée en majeure partie hors du territoire national.

L'accord collectif fixe :

- la taille des entreprises concernées, s'il s'agit d'un accord de branche ;
- les catégories de salariés concernés ;
- la nature des missions à l'exportation concernées ainsi que leur durée minimale, qui ne peut être inférieure à 6 mois ;
- les contreparties en termes de rémunération et d'indemnité de licenciement accordées aux salariés, sans que cette indemnité puisse être inférieure au montant de l'indemnité légale attribué à due proportion du temps sans condition d'ancienneté et quel que soit l'effectif de l'entreprise ;
- les garanties en termes de formations pour les salariés concernés ;
- les mesures indispensables au reclassement des salariés.

La rupture du contrat de mission à l'exportation repose sur une cause réelle et sérieuse. Ce licenciement est soumis à la procédure applicable au ***licenciement individuel pour motif personnel*** (*cf.* chapitre 9).

10 Le CDD senior

Le CDD senior est un ***CDD***, à temps complet ou à temps partiel, ***destiné à faciliter le retour à l'emploi des personnes âgées de plus de 57 ans*** inscrites depuis plus de 3 mois comme demandeur d'emploi ou bénéficiant d'un contrat de sécurisation professionnelle afin de leur permettre d'acquérir des droits supplémentaires en vue de la liquidation de leur retraite à taux plein.

Le CDD senior est conclu pour une durée maximale de 18 mois. Il peut être renouvelé une fois pour une durée déterminée qui, ajoutée à la durée du contrat initial, ne peut excéder 36 mois. À l'issue du contrat, le salarié a droit à l'indemnité de fin de contrat.

11 Le CDD à objet défini

Tout employeur peut recourir au CDD à objet défini ***pour le recrutement d'ingénieurs et de cadres***. Son recours est subordonné à la conclusion d'un accord de branche étendu ou, à défaut, d'un accord d'entreprise.

Le CDD à objet défini est un CDD dont l'échéance est la réalisation d'un objet défini. Il est ***conclu pour une durée minimale de 18 mois et une durée maximale de 36 mois***. Il ne peut pas être renouvelé.

Indépendamment des cas de rupture habituels des CDD, le CDD à objet défini :

- prend fin avec la réalisation de l'objet pour lequel il a été conclu, après un délai de prévenance au moins égal à 2 mois ;
- peut être rompu par l'une ou l'autre partie, pour une cause réelle et sérieuse, au bout de 18 mois puis à la date anniversaire de sa conclusion.

Le salarié a droit à une indemnité de fin de contrat d'un montant égal à 10 % de sa rémunération totale brute :

- en cas de rupture, à la date anniversaire de la conclusion du contrat, à l'initiative de l'employeur ;
- lorsque, à l'issue du contrat, les relations contractuelles de travail ne se poursuivent pas par un CDI.

12 Le contrat étudiant au sein des établissements publics d'enseignement supérieur

Tout président ou directeur d'un établissement public d'enseignement supérieur peut recruter, par CDD, des étudiants de son établissement. Le CDD a pour objet l'accueil et le tutorat des nouveaux étudiants, l'animation de la vie universitaire et l'aide à l'insertion professionnelle.

Le contrat étudiant est conclu pour une période maximale de 12 mois entre le 1er septembre et le 31 août. La durée maximale effective de travail n'excède pas 670 heures entre le 1er septembre et le 30 juin et ne peut excéder 300 heures entre le 1er juillet et le 31 août. La reconduction du contrat est expresse dans la limite maximale de 6 ans. Le montant de la rémunération ne peut être inférieur au produit du montant du SMIC par le nombre d'heures de travail effectuées.

13 Le parcours emploi compétences (PEC)

La mise en œuvre du parcours emploi compétence (PEC) repose sur le triptyque emploi-formation-accompagnement :

- ***un emploi permettant de développer des compétences transférables*** ;
- ***un accès facilité à la formation*** ;
- ***un accompagnement tout au long du parcours tant par l'employeur que par le service public de l'emploi, avec pour objectif l'inclusion durable dans l'emploi des personnes les plus éloignées du marché du travail***.

Les parcours emploi compétences (PEC) sont destinés aux personnes les plus éloignées du marché du travail, celles rencontrant des difficultés sociales et professionnelles d'accès à l'emploi. L'orientation vers un PEC repose avant tout sur le diagnostic réalisé par le conseiller du service public de l'emploi.

Le PEC est prescrit dans le cadre du ***contrat unique d'insertion (CUI) constitué par une convention individuelle*** conclue entre l'employeur, le bénéficiaire et Pôle emploi fixant les modalités d'accompagnement professionnel de la personne ***et un contrat de travail*** conclu entre l'employeur et le bénéficiaire de la convention qui, selon l'employeur, prend la forme du :

- ***contrat unique d'insertion – contrat d'accompagnement dans l'emploi (CUI-CAE) dans le secteur non marchand*** ;
- ***contrat unique d'insertion – contrat initiative-emploi (CUI-CIE) dans le secteur marchand***, uniquement pour les départements d'outre-mer (DOM) ou pour les contrats exclusivement financés par les conseils départementaux dans le cadre des conventions annuelles d'objectifs et de moyens.

Les caractéristiques du CUI-CIE et du CUI-CAE

<table>
<tr><th>CUI-CIE</th><th>CUI-CAE</th></tr>
<tr><td colspan="2">Employeurs concernés</td></tr>
<tr><td>Tout employeur relevant du régime de l'assurance chômage (sauf particulier employeur) à condition de ne pas avoir procédé à un licenciement économique dans les 6 mois précédant le contrat et d'être à jour de ses cotisations sociales.</td><td>Les collectivités territoriales, les autres personnes morales de droit public, les organismes de droit privé à but non lucratif et les personnes morales de droit privé chargées de la gestion d'un service public.</td></tr>
<tr><td colspan="2">Nature et durée du contrat de travail</td></tr>
<tr><td colspan="2">CDI ou CDD</td></tr>
<tr><td></td><td>Emplois visant des besoins collectifs non satisfaits.</td></tr>
<tr><td colspan="2">La durée du CDD ne peut être inférieure à 6 mois. Elle peut être prolongée dans la limite d'une durée totale de 24 mois, ou de 5 ans pour les salariés âgés de 50 ans et plus. Le CDD peut être prolongé pour achever une action de formation ou jusqu'à l'âge de la retraite pour les salariés âgés de 58 ans.</td></tr>
<tr><td colspan="2">Durée hebdomadaire du travail</td></tr>
<tr><td colspan="2">Elle ne peut, en principe, être inférieure à 20 heures.</td></tr>
<tr><td colspan="2">Salaire</td></tr>
<tr><td colspan="2">Il est au moins égal au produit du montant du salaire minimum de croissance par le nombre d'heures de travail accomplies (sauf dispositions plus favorables).</td></tr>
<tr><td colspan="2">Suspension ou rupture du contrat de travail</td></tr>
<tr><td colspan="2">Le contrat peut être suspendu, à la demande du salarié, afin de lui permettre :
– en accord avec son employeur, d'effectuer une évaluation en milieu de travail prescrite par Pôle emploi ou une action concourant à son insertion professionnelle ;
– d'accomplir une période d'essai afférente à une offre d'emploi visant une embauche en CDI ou en CDD d'au moins 6 mois.
En cas d'embauche à l'issue de cette évaluation en milieu de travail ou de cette période d'essai, le contrat est rompu sans préavis.
Le CDD peut être rompu avant son terme, à l'initiative du salarié pour lui permettre :
– d'être embauché par un CDI ;
– d'être embauché par un CDD d'au moins 6 mois ;
– de suivre une formation conduisant à une qualification.</td></tr>
</table>

Dans le cadre du PEC, l'employeur bénéficie d'une aide comprise entre 30 % et 60 % du SMIC brut. Le taux de prise en charge est fixé par arrêté du préfet de région.

Le salarié en PEC bénéficie tout au long de son contrat d'un accompagnement de son conseiller référent articulé autour de 3 phases complémentaires :

– *un entretien tripartite réunissant le référent prescripteur, l'employeur et le futur salarié* au moment de la signature de la demande d'aide afin de formaliser les engagements ainsi que la déclinaison des compétences que le poste doit permettre d'acquérir ;

– *un suivi dématérialisé durant le contrat*, qui peut prendre la forme d'un livret de suivi dématérialisé ;

– *un entretien de sortie entre le référent prescripteur et le salarié*, en fonction des besoins de la personne entre 1 à 3 mois avant la fin du contrat.

La rupture du contrat de travail

Chapitre 9

Il existe plusieurs modes de rupture du contrat de travail. Certains de ces modes sont communs à tous les contrats de travail, d'autres sont spécifiques au contrat de travail à durée indéterminée. L'initiative de la rupture revient au salarié et/ou à l'employeur selon le mode de rupture envisagé.

1 La rupture amiable

La rupture amiable, appelée aussi rupture par consentement mutuel ou départ négocié, provoque la rupture du contrat de travail à durée déterminée ou du contrat d'apprentissage soit à l'initiative de l'employeur ou du salarié, soit d'un commun accord.

2 La résiliation judiciaire

Le salarié peut demander au conseil de prud'hommes la résiliation de son contrat de travail s'il considère que l'employeur ne respecte pas ses engagements. Si les torts sont fondés et graves, la résiliation judiciaire produit les effets d'un licenciement sans cause réelle et sérieuse, voire d'un licenciement nul ; dans le cas contraire, elle est rejetée et le contrat de travail continue.

3 La prise d'acte de la rupture

La prise d'acte de la rupture du contrat de travail permet au salarié de rompre, immédiatement et irrémédiablement, son contrat de travail en cas de manquement suffisamment grave de l'employeur qui empêche la poursuite du contrat de travail. Le salarié doit saisir le conseil de prud'hommes pour faire constater sa prise d'acte et lui demander de se prononcer sur les effets de cette rupture, soit ceux d'un licenciement sans cause réelle et sérieuse si les faits invoqués la justifient, soit dans le cas contraire ceux d'une démission.

4 La rupture en cas de force majeure

La force majeure est un événement qui rend impossible l'exécution du contrat de travail de façon temporaire ou définitive. L'événement doit être à la fois extérieur à l'entreprise, imprévisible, irrésistible ou insurmontable.
Si la cessation des relations de travail est provisoire, le contrat de travail est suspendu ; si elle est définitive, il est rompu sans que l'employeur ait à respecter une procédure, ni à verser une indemnité de rupture. Si la rupture résulte d'un sinistre, le salarié a droit à une indemnité d'un montant équivalent à celui de l'indemnité compensatrice de préavis et de l'indemnité de licenciement.

5 Le départ à la retraite

Le départ à la retraite découle de la ***volonté du salarié de rompre son CDI pour bénéficier de sa pension vieillesse***. Le salarié est tenu de respecter un préavis égal au préavis de licenciement. Il bénéficie d'une indemnité légale de départ à la retraite.

6 La mise à la retraite

La mise à la retraite résulte de la ***volonté de l'employeur de mettre le salarié âgé sous CDI à la retraite***, s'il a atteint au moins l'âge lui permettant de bénéficier automatiquement d'une retraite à taux plein (quel que soit le nombre de trimeste validés pour la retraite). Cet âge varie en fonction de la date de naissance du salarié.

La procédure que doit respecter l'employeur dépend de l'âge du salarié :

- ***de 65 ans (ou 67 ans) à 69 ans*** : chaque année, l'employeur doit interroger par écrit le salarié sur son intention de quitter volontairement l'entreprise pour bénéficier d'une pension de vieillesse durant l'année à venir. En cas de réponse négative du salarié, l'employeur ne peut faire usage de la possibilité de mettre le salarié à la retraite ;
- ***à partir de 70 ans*** : l'employeur retrouve la pleine liberté de mettre d'office le salarié à la retraite.

7 La démission

La démission est l'acte par lequel le salarié rompt unilatéralement son CDI. Le salarié démissionnaire n'a pas à faire connaître les motifs de sa décision, mais sa volonté de démissionner doit être clairement établie et sans équivoque. Aucune formalité particulière n'est imposée au salarié qui démissionne. La notification peut être verbale ou écrite (certaines conventions collectives prévoient une notification par lettre recommandée avec AR). L'employeur ne peut refuser la démission et le salarié ne peut revenir, sauf accord de l'employeur, sur une démission donnée en bonne et due forme.

8 La rupture conventionnelle

La rupture conventionnelle est l'***acte juridique par lequel l'employeur et le salarié conviennent en commun des conditions de la rupture du CDI*** qui les lie. Ils conviennent du principe d'une rupture conventionnelle lors d'un ou plusieurs entretiens au cours desquels le salarié et l'employeur peuvent se faire assister.

La convention de rupture doit définir les conditions de celle-ci, notamment le montant de l'indemnité spécifique de rupture conventionnelle qui ne peut pas être inférieur à celui de l'indemnité de licenciement et fixer la date de rupture du contrat de travail, qui ne peut intervenir avant le lendemain du jour de l'homologation.

À compter de la date de sa signature, chacune des parties dispose d'un délai de 15 jours calendaires pour exercer son droit de rétractation. Ce droit est exercé sous la forme d'une lettre adressée par tout moyen attestant de sa date de réception par l'autre partie.

La validité de la convention est subordonnée à son homologation. À l'issue du délai de rétractation, la partie la plus diligente adresse une demande d'homologation à la DIRECCTE qui dispose d'un délai d'instruction de 15 jours ouvrables. Passé ce délai, l'homologation est réputée acquise.

Tout litige concernant la convention, l'homologation ou le refus d'homologation relève de la compétence du conseil de prud'hommes. Le salarié a 12 mois pour contester la rupture du contrat.

9 La rupture conventionnelle collective

Un accord collectif peut déterminer le contenu d'une rupture conventionnelle collective excluant tout licenciement pour atteindre les objectifs qui lui sont assignés en termes de suppression d'emplois. La DIRECCTE est informée de l'ouverture de la négociation sur cet accord.

L'accord portant rupture conventionnelle collective détermine :

- les modalités et conditions d'information du CSE ;
- le nombre maximal de départs envisagés, de suppressions d'emplois associées, et la durée de mise en œuvre de la rupture conventionnelle collective ;
- les conditions que doit remplir le salarié pour en bénéficier ;
- les critères de départage entre les potentiels candidats au départ ;

- les modalités de calcul des indemnités de rupture garanties au salarié, qui ne peuvent être inférieures aux indemnités légales dues en cas de licenciement ;
- les modalités de présentation et d'examen des candidatures au départ des salariés ;
- des mesures visant à faciliter le reclassement externe des salariés sur des emplois équivalents ;
- les modalités de suivi de la mise en œuvre effective de l'accord.

L'accord est transmis à la DIRECCTE pour validation. La DIRECCTE dispose d'un délai d'instruction de 15 jours. Passé ce délai, la validation est réputée acquise.

L'acceptation par l'employeur de la candidature du salarié emporte rupture du contrat de travail d'un commun accord des parties.

Toute contestation portant sur la rupture du contrat relève de la compétence du conseil de prud'hommes. Le salarié a 12 mois pour contester la rupture du contrat.

10 Le licenciement

Le licenciement est la rupture du contrat de travail à l'initiative de l'employeur. Tout licenciement pour être régulier, quant au fond, doit être fondé sur une cause réelle et sérieuse. Les deux conditions doivent être remplies simultanément :

- ***une cause réelle*** est une cause ayant une réalité concrète et vérifiable. Elle doit être objective et tenir soit à la personne du salarié ou à son aptitude au travail, soit à l'organisation de l'entreprise ;
- ***une cause sérieuse*** est une cause revêtant un certain degré de gravité rendant impossible – sans dommage pour l'entreprise – la continuation du travail.

■ Le licenciement pour motif personnel

Constitue un licenciement pour motif personnel le licenciement effectué par un employeur pour un ou plusieurs motifs inhérents à la personne du salarié résultant d'un comportement fautif (motif disciplinaire : faute sérieuse, grave ou lourde) ***ou non fautif de celui-ci*** (insuffisance professionnelle, maladie…).

L'employeur doit respecter la procédure suivante :

Convocation à l'entretien préalable	Par écrit (lettre recommandée ou remise en main propre contre décharge) en précisant l'objet de l'entretien (le projet de licenciement), la date, l'heure et le lieu de l'entretien ainsi que la possibilité pour le salarié de se faire assister. Un délai minimum de 5 jours ouvrables doit être respecté entre l'envoi de la convocation et l'entretien proprement dit pour donner au salarié le temps de contacter la personne qui doit l'assister (celle-ci peut être extérieure à l'entreprise en l'absence de CSE).

Entretien préalable	L'employeur indique au salarié le ou les motifs du licenciement envisagé, recueille les explications de celui-ci et les observations de la personne qui l'assiste.
Notification du licenciement	Par écrit (lettre recommandée avec AR) en respectant un délai minimum de 2 jours ouvrables après l'entretien préalable. La date de présentation de la lettre fixe le point de départ du préavis. La lettre de licenciement comporte l'énoncé du ou des motifs invoqués par l'employeur. Un décret fixe les modèles que l'employeur peut utiliser pour procéder à la notification du licenciement. Ces modèles rappellent en outre les droits et obligations de chaque partie. Le salarié peut, par lettre recommandée avec AR, dans les 15 jours suivant la notification du licenciement demander à l'employeur des précisions sur les motifs énoncés dans la lettre de licenciement. L'employeur dispose d'un délai de 15 jours, après réception de la demande du salarié pour apporter, par lettre recommandée avec AR, des précisions s'il le souhaite. L'employeur peut, dans les 15 jours suivant la notification du licenciement, préciser, à son initiative, les motifs du licenciement par lettre recommandée avec AR.

■ *Le licenciement pour motif économique*

Constitue un licenciement pour motif économique le licenciement effectué par un employeur pour un ou plusieurs motifs non inhérents à la personne du salarié résultant d'une suppression ou transformation d'emploi ou d'une modification, refusée par le salarié, d'un élément essentiel du contrat de travail, consécutive notamment :

- ***à des difficultés économiques caractérisées soit par l'évolution significative d'au moins un indicateur économique tel qu'une baisse des commandes ou du chiffre d'affaires***, des pertes d'exploitation ou d'une dégradation de la trésorerie ou de l'excédent brut d'exploitation, soit par tout autre élément de nature à justifier de ces difficultés ;
- ***à des mutations technologiques*** ;
- ***à une réorganisation de l'entreprise nécessaire à la sauvegarde de sa compétitivité*** ;
- ***à la cessation d'activité de l'entreprise***.

La matérialité de la suppression, de la transformation d'emploi ou de la modification d'un élément essentiel du contrat de travail s'apprécie au niveau de l'entreprise.

Les difficultés économiques, les mutations technologiques ou la nécessité de sauvegarder la compétitivité de l'entreprise s'apprécient au niveau de cette entreprise si elle n'appartient pas à un groupe et, dans le cas contraire, au niveau du secteur d'activité commun au sien et à celui des entreprises du groupe auquel elle appartient, établies sur le territoire français.

Le groupe est défini, lorsque le siège social de l'entreprise dominante est situé sur le territoire national par cette entreprise dominante et les entreprises qu'elle contrôle et, dans le cas contraire, comme constitué par l'ensemble des entreprises implantées sur le territoire français.

Le secteur d'activité permettant d'apprécier la cause économique du licenciement est caractérisé, notamment, par la nature des produits, biens ou services délivrés, la clientèle ciblée, les réseaux et modes de distribution, se rapportant à un même marché.

a) La prévention des licenciements économiques

La prévention des licenciements économiques comprend :

- *le droit au reclassement* : le licenciement d'un salarié ne peut intervenir que lorsque tous les efforts de formation et d'adaptation ont été réalisés et que son reclassement sur un emploi équivalent ou, avec son accord, sur un emploi d'une catégorie inférieure ne peut être réalisé dans l'entreprise ;
- *le droit à l'information des représentants du personnel* : le CSE est saisi en temps utile des projets de restructuration et de compression d'effectif. Il émet un avis sur l'opération projetée et ses modalités d'application lorsque l'entreprise est soumise à l'obligation d'établir un plan de sauvegarde de l'emploi (PSE). Cet avis est transmis à la DIRECCTE ;
- *l'information des salariés en cas de vente de leur entreprise* : si l'entreprise occupe moins de 250 salariés, l'employeur doit en cas de projet de vente informer ses salariés de ce projet afin de leur permettre de présenter une offre de reprise ;
- *la recherche d'un repreneur* : dans toute entreprise d'au moins 1 000 salariés, l'employeur a l'obligation de rechercher un repreneur en cas de fermeture d'un établissement avec un projet de licenciement collectif. Le CSE est informé des offres de reprise. Il peut émettre un avis, participer à la recherche d'un repreneur et formuler des propositions ;
- *l'accord de méthode* : il peut fixer des modalités dérogatoires de consultation du CSE applicables lorsque l'employeur projette de licencier au moins 10 salariés sur une même période de 30 jours ;
- *l'accord pour répondre aux nécessités de fonctionnement de l'entreprise* : il peut porter sur les conditions de la mobilité professionnelle ou géographique interne à l'entreprise et/ou prévoir d'aménager la durée du travail, les modalités d'organisation du temps de travail ainsi que la rémunération des salariés (*cf.* chapitre 8).

b) Les mesures d'accompagnement des licenciements économiques

Les mesures d'accompagnement ont pour but d'éviter les licenciements économiques ou d'en limiter le nombre et/ou de faciliter le reclassement des salariés licenciés.

Ces mesures d'accompagnement comprennent notamment :

- *le plan de sauvegarde de l'emploi (PSE)* : il est obligatoire dans les entreprises de 50 salariés et plus, lorsque le projet de licenciement concerne 10 salariés ou plus dans une même période de 30 jours. Il énonce les mesures envisagées pour limiter les licenciements ou aider au reclassement des salariés (mesures de réduction du temps de travail, actions de formation pour le reclassement interne...). Il est soumis au CSE ainsi qu'à la DIRECCTE ;

– ***l'accord collectif ou/et le document unilatéral de l'employeur*** : obligatoire dans le cadre d'une procédure de licenciement collectif d'au moins 10 salariés sur 30 jours :

 • ***l'accord collectif*** : il porte sur le contenu du PSE et éventuellement sur les modalités de consultation du CSE et de mise en œuvre des licenciements. La négociation peut s'ouvrir avant ou après la 1re réunion du CSE. La DIRECCTE est informée de l'ouverture de la négociation. L'accord collectif peut organiser, tant sur le fond que sur la forme, l'ensemble de la procédure applicable au projet de licenciement,

 • ***le document unilatéral de l'employeur*** : à défaut d'accord collectif ou en cas d'accord partiel, un document élaboré par l'employeur après la dernière réunion du CSE sur le projet de licenciement fixe le contenu du PSE et précise les modalités de consultation du CSE ainsi que les modalités de mise en œuvre des licenciements.

 L'accord collectif majoritaire ou/et le document élaboré par l'employeur sont transmis à la DIRECCTE qui dipose d'un délai de 15 jours pour valider l'accord ou de 21 jours pour homologuer le document élaboré par l'employeur ;

– ***le congé de reclassement*** : dans toute entreprise occupant au moins 1 000 salariés, l'employeur est tenu de proposer dans la lettre de licenciement adressée à chaque salarié concerné un congé de reclassement. Le salarié dispose d'un délai de 8 jours pour faire part à l'employeur de son accord. Pendant le congé, dont la durée varie entre 4 et 12 mois, le contrat de travail est maintenu et le salarié bénéficie des prestations d'une cellule d'accompagnement (actions de formation, aide dans ses démarches de recherche d'emploi...) et de son salaire pendant le préavis, puis d'une allocation égale à 65 % de son salaire brut sans pouvoir être inférieure à 85 % du SMIC ;

– ***le congé de mobilité*** : dans toute entreprise occupant au moins 300 salariés, l'employeur peut proposer un congé de mobilité s'il a conclu un accord collectif relatif à la GPEC. Ce congé, dont la durée est fixée par l'accord collectif, a pour objet de favoriser la recherche d'un nouvel emploi par des mesures d'accompagnement, des actions de formation et des périodes de travail sur un autre poste au sein ou en dehors de l'entreprise. Le salarié bénéficie de son salaire pendant le préavis puis, si la durée du congé excède la durée du préavis, d'une allocation, fixée par l'accord, au moins égale à celle du congé de reclassement ;

– ***le contrat de sécurisation professionnelle (CSP)*** : dans toute entreprise occupant moins de 1 000 salariés, l'employeur est tenu de proposer avant la notification du licenciement, le CSP à chaque salarié concerné ayant au moins 1 an d'ancienneté. Le salarié dispose d'un délai de 21 jours pour faire part à l'employeur de son accord. Le CSP organise un parcours personnalisé de retour à l'emploi comprenant des mesures d'accompagnement, des périodes de formation, des périodes de travail rémunérées en entreprise… La durée maximale du CSP est de 12 mois pendant lesquels le salarié perçoit de Pôle emploi une allocation de sécurisation professionnelle (ASP) égale à 75 % de son salaire de référence. La durée du CSP est augmentée de la durée des périodes de travail intervenues après la fin du 6e mois du CSP, dans la limite de 3 mois supplémentaires. Si le salarié retrouve un emploi durable, sous forme de CDI ou de CDD ou d'un contrat d'intérim d'au moins 6 mois, dans les 10 premiers mois de son CSP, il perçoit une prime au reclassement égale à 50 % du reliquat de ses droits à l'ASP ;

– ***la priorité de réembauchage*** : tout salarié licencié pour motif économique bénéficie, pendant un an, d'une priorité de réembauchage, dans tout emploi devenu disponible et compatible avec la qualification qu'il possédait au moment de son licenciement et, le cas échéant, avec la nouvelle qualification qu'il a pu acquérir postérieurement s'il en a informé l'employeur.

c) Les procédures de licenciement pour motif économique

Les formalités à accomplir par l'employeur varient en fonction du nombre de salariés concernés par le licenciement pour motif économique.

On distingue 4 procédures :

– le licenciement individuel ;

– le licenciement de moins de 10 salariés sur 30 jours ;

– le licenciement de 10 salariés ou plus sur 30 jours dans les entreprises de moins de 50 salariés ;

– le licenciement de 10 salariés ou plus sur 30 jours dans les entreprises d'au moins 50 salariés.

■ *Le contentieux des licenciements*

Les litiges relatifs aux licenciements relèvent selon les cas :

– ***du conseil de prud'hommes*** : il est compétent pour apprécier les litiges relatifs aux licenciements pour motif personnel et pour apprécier les motifs du licenciement pour motif économique ;

– ***du tribunal judiciaire*** : il est compétent pour apprécier la régularité de la procédure suivie pour les licenciements de moins de 10 salariés et pour ceux d'au moins 10 salariés dans les entreprises de moins de 50 salariés ;

– ***du tribunal administratif*** : il est compétent pour apprécier la régularité de la procédure suivie pour les licenciements d'au moins 10 salariés sur 30 jours dans les entreprises d'au moins 50 salariés.

<table>
<tr><td colspan="6">Le licenciement individuel</td></tr>
<tr><td></td><td colspan="5">Le licenciement collectif de moins de 10 salariés sur 30 jours</td></tr>
<tr><td></td><td></td><td colspan="4">Le licenciement de 10 salariés ou plus sur 30 jours (entreprise de moins de 50 salariés)</td></tr>
<tr><td></td><td></td><td></td><td colspan="3">Le licenciement de 10 salariés ou plus sur 30 jours (entreprise d'au moins 50 salariés)</td></tr>
<tr><td></td><td></td><td></td><td></td><td colspan="2">Procédure</td></tr>
<tr><td></td><td bgcolor="pink"></td><td bgcolor="pink"></td><td bgcolor="pink"></td><td>Information et consultation du CSE</td><td>Une réunion ou au moins 2 si le licenciement concerne 10 salariés ou plus.
L'employeur lui communique toutes les informations utiles concernant les raisons, l'importance et l'ordre des licenciements envisagés ainsi que les mesures qu'il envisage de mettre en œuvre pour en limiter le nombre. Il apporte une réponse motivée aux avis et propositions émis. À l'issue de la ou des réunions, le CSE donne son avis sur le projet présenté. Il sera transmis ultérieurement à la DIRECCTE.</td></tr>
<tr><td></td><td bgcolor="pink"></td><td bgcolor="pink"></td><td bgcolor="pink"></td><td>Information et intervention de la DIRECCTE</td><td>Elle est informée à l'issue de la réunion ou de la 1re réunion du CSE.
Elle dispose d'un délai pour vérifier la régularité des procédures, contrôler le respect des règles relatives à l'élaboration et à la mise en œuvre des mesures sociales, proposer des améliorations au PSE et valider l'accord majoritaire ou homologuer le document élaboré par l'employeur.</td></tr>
<tr><td bgcolor="pink"></td><td bgcolor="pink"></td><td></td><td></td><td>Convocation à l'entretien préalable</td><td>Mêmes conditions de forme et de contenu que pour le licenciement pour motif personnel.</td></tr>
<tr><td bgcolor="pink"></td><td bgcolor="pink"></td><td></td><td></td><td>Entretien préalable</td><td>Mêmes conditions que pour le licenciement pour motif personnel plus, dans les entreprises de moins de 1 000 salariés, une information sur la possibilité de bénéficier d'un contrat de sécurisation professionnelle (CSP).</td></tr>
<tr><td bgcolor="pink"></td><td bgcolor="pink"></td><td bgcolor="pink"></td><td bgcolor="pink"></td><td>Notification du licenciement</td><td>Par écrit (lettre recommandée avec AR) en respectant un délai minimum variable selon la procédure de licenciement, soit après l'entretien préalable, soit après la notification du projet de licenciement à la DIRECCTE ou après la notification par la DIRECCTE de sa décison de validation de l'accord majoritaire ou d'homologation du document élaboré par l'employeur.
La lettre de licenciement énonce :
– le ou les motifs du licenciement, la priorité de réembauchage (1 an) ;
– le délai de réflexion pour bénéficier du CSP ou, pour les salariés concernés, la possibilité de bénéficier d'un congé de reclassement ou de mobilité.
La date de présentation de la lettre fixe le point de départ du préavis.
Les motifs de licenciement peuvent être précisés ultérieurement par l'employeur, soit à son initiative, soit à la demande du salarié selon les modalités appliquées pour le licenciement pour motif personnel (cf. p. 83).
Un décret fixe les modèles que l'employeur peut utiliser pour procéder à la notification du licenciement. Ces modèles rappellent en outre les droits et obligations de chaque partie.</td></tr>
<tr><td bgcolor="pink"></td><td bgcolor="pink"></td><td></td><td></td><td>Information de la DIRECCTE</td><td>Dans les 8 jours suivant l'envoi de la ou des lettres de licenciement.</td></tr>
</table>

11 Les obligations consécutives à la rupture

■ *Le préavis*

Le préavis – appelé aussi délai-congé ou délai de prévenance – correspond à la ***période durant laquelle le contrat de travail à durée indéterminée continue de produire ses effets bien que l'une des parties ait notifié à l'autre sa décision de rompre*** (démission ou licenciement).

Le préavis a pour objet de permettre à l'employeur de pourvoir au remplacement du salarié et au salarié de chercher un autre emploi. Ce dernier peut s'absenter 2 heures par jour pendant la durée du préavis pour la recherche d'un emploi (rémunérées en cas de licenciement).

La durée du préavis varie selon l'ancienneté de services continus du salarié dans l'entreprise :

Nature de la rupture	Ancienneté		
	moins de 6 mois	**6 mois à 2 ans**	**plus de 2 ans**
Licenciement	CC ou usages	1 mois	2 mois
Démission	CC	ou	usages

Le préavis est un ***délai préfixe***. Il ne peut être ni interrompu ni prolongé sauf convention contraire ; néanmoins la période de congés payés ne se confond pas avec le préavis. L'employeur peut dispenser le salarié d'effectuer le préavis.

■ *Les indemnités de rupture*

L'indemnité compensatrice de congés payés : elle correspond pour le salarié licencié ou démissionnaire à la fraction des congés payés dont il ne peut bénéficier du fait de la résiliation de son contrat de travail. Elle est calculée de la même façon que l'indemnité de congés payés (*cf.* p. 107). Le préavis est inclus dans le calcul en cas de dispense de l'employeur.

L'indemnité compensatrice de préavis : l'employeur verse au salarié une indemnité compensatrice de préavis s'il dispense, à son initiative, celui-ci d'exécuter son préavis (même en cas de démission). Elle est égale aux salaires et avantages que le salarié aurait perçus s'il avait accompli le préavis. Elle peut être versée en plusieurs fois selon la périodicité des salaires qu'elle remplace ou en une seule fois au moment de la cessation effective du travail.

L'indemnité légale de licenciement : l'employeur verse au salarié licencié une indemnité légale minimum de licenciement à condition que celui-ci justifie de 8 mois d'ancienneté ininterrompue à la date d'expiration du préavis, effectué ou non.

L'indemnité de licenciement ne peut être inférieure aux montants suivants :

1/4 de mois de salaire par année d'ancienneté pour les années jusqu'à 10 ans
+
1/3 de mois de salaire par année d'ancienneté pour les années à partir de 10 ans

Le calcul de l'ancienneté s'apprécie, selon les mêmes modalités que pour le droit au préavis, à la date de notification du licenciement pour le droit à l'indemnité et à la date d'expiration du préavis (effectué ou non) pour le montant de l'indemnité de licenciement.

Le salaire à prendre en considération pour le calcul de l'indemnité de licenciement est le 12e de la rémunération brute des 12 derniers mois précédant la date du licenciement ou, selon la formule la plus avantageuse pour le salarié, le tiers des 3 derniers mois, étant entendu que, dans ce cas, toute prime ou gratification de caractère annuel ou exceptionnel qui aurait été versée au salarié pendant cette période ne serait prise en compte que *prorata temporis*.

L'indemnité légale de licenciement ne peut être inférieure à une somme calculée par année de service en tenant compte des mois de services accomplis au-delà des années pleines. En cas d'année incomplète, l'indemnité légale de licenciement est calculée proportionnellement au nombre de mois.

L'indemnité légale de licenciement n'est pas due si le salarié bénéficie d'une indemnité conventionnelle ou contractuelle plus avantageuse que l'indemnité légale.

L'indemnité de licenciement a le caractère de dommages-intérêts.

■ *Le certificat de travail*

L'employeur délivre un certificat de travail au salarié à l'expiration du contrat et ce quelle que soit la cause de la cessation du contrat. La seule obligation de l'employeur est de l'établir et de le tenir à la disposition du salarié.

Le certificat de travail, daté et signé de l'employeur lui-même, indique :

- le nom de l'employeur et la raison sociale de l'entreprise ;
- les nom et prénom du salarié (adresse si possible) ;
- la date d'entrée et la date de sortie de l'entreprise ;
- la nature de l'emploi ou des emplois successivement occupés ainsi que les périodes pendant lesquelles ces emplois ont été tenus ;
- le maintien des garanties santé et prévoyance (*cf.* chapitre 19).

Toutes mentions susceptibles de porter atteinte au salarié sont interdites.

Le reçu pour solde de tout compte

Le solde de tout compte fait l'inventaire des sommes versées au salarié lors de la rupture du contrat de travail. Le reçu pour solde de tout compte est établi par l'employeur en double exemplaire. L'un des exemplaires est remis, par l'employeur, au salarié qui lui en donne reçu.

Pour être valable, le reçu pour solde de tout compte doit :

– être établi après résiliation ou expiration du contrat ;

– mentionner qu'il est établi en double exemplaire (dont un pour le salarié) ;

– mentionner la date d'établissement du reçu ;

– porter, écrit de la main du salarié, la mention « *pour solde de tout compte* » suivie de sa signature.

Le salarié peut dénoncer le reçu pour solde de tout compte par lettre recommandée dans le délai de 6 mois suivant sa signature, délai au-delà duquel il devient libératoire pour l'employeur pour les sommes qui y sont mentionnées. Il reste libre d'exercer toutes réclamations, postérieurement à sa remise pour des sommes n'y figurant pas.

L'employeur et le salarié ont la possibilité de conclure une transaction à la place de ce reçu.

L'attestation d'assurance chômage

L'employeur délivre une attestation d'assurance chômage au salarié à l'expiration du contrat et ce quelle que soit la cause de la cessation du contrat. Cette attestation est destinée à permettre au salarié de solliciter le bénéfice de l'allocation de chômage. L'employeur doit aussi transmettre cette attestation à Pôle emploi. Si l'entreprise occupe plus de 10 salariés, l'employeur doit transmettre cette attestation par voie électronique.

Les formalités consécutives à la rupture

L'employeur porte sur le registre unique du personnel la date de sortie de l'entreprise du salarié et la nature de la rupture. Pour les entreprises d'au moins 50 salariés, l'employeur doit, avant le 8 de chaque mois, adresser à la DIRECCTE la déclaration mensuelle des mouvements de personnel. Elle est réalisée avec la déclaration sociale nominative (DSN).

La durée du travail

Chapitre 10

De nouvelles formes d'aménagement du temps de travail apparaissent permettant une adaptation de l'organisation du travail aux fluctuations d'activité des entreprises.

Les dispositions légales du Code du travail relatives à la durée du travail, la répartition et l'aménagement des horaires distinguent :

- ***les règles d'ordre public auxquelles il est interdit de déroger*** ;
- ***les mesures ouvertes à la négociation collective*** (sauf exceptions, l'accord d'entreprise prévaut sur l'accord de branche) ;
- ***les dispositions supplétives applicables à défaut d'accord collectif***.

1 La durée du travail

■ Le travail effectif, les astreintes et les équivalences

Le travail effectif
Les règles d'ordre public
Le temps de travail effectif est le temps pendant lequel le salarié est à la disposition de l'employeur et se conforme à ses directives sans pouvoir vaquer librement à des occupations personnelles. S'ils remplissent ces critères, le temps de restauration et de pause sont considérés comme du temps de travail effectif. Le temps d'habillage et de déshabillage fait l'objet de contreparties sous forme de repos ou financière si le port d'une tenue de travail est imposé et que l'habillage et le déshabillage doivent être réalisés sur le lieu de travail. Le temps de déplacement professionnel pour se rendre sur le lieu d'exécution du contrat de travail n'est pas un temps de travail effectif. Il fait l'objet de contreparties sous forme de repos ou financière, s'il dépasse le temps normal de trajet entre le domicile et le lieu habituel de travail. Si le temps de trajet entre le domicile et le lieu habituel de travail est majoré du fait d'un handicap, il peut faire l'objet de contreparties sous forme de repos.

Le champ de la négociation collective
La rémunération des temps de restauration et de pause, même non reconnus comme temps de travail effectif. Les contreparties aux temps d'habillage et de déshabillage ou les assimilés à du temps de travail effectif. Les contreparties lorsque le temps de déplacement professionnel dépasse le temps normal de trajet.
Les dispositions supplétives
Le contrat de travail peut fixer la rémunération des temps de restauration et de pause et prévoir d'accorder des contreparties aux temps d'habillage et de déshabillage ou d'assimiler ces temps à du temps de travail effectif. Les contreparties, lorsque le temps de déplacement professionnel dépasse le temps normal de trajet, sont déterminées par l'employeur après consultation du CSE.

Les astreintes
Les règles d'ordre public
Une période d'astreinte est une période pendant laquelle le salarié, sans être sur son lieu de travail et sans être à la disposition permanente et immédiate de l'employeur, doit être en mesure d'intervenir pour accomplir un travail au service de l'entreprise. La durée d'intervention est considérée comme un temps de travail effectif. La période d'astreinte, exception faite de la durée d'intervention, est prise en compte pour le calcul de la durée minimale de repos quotidien et des durées de repos hebdomadaires. Elle fait l'objet d'une contrepartie financière ou sous forme de repos. Les salariés concernés par des périodes d'astreinte sont informés de leur programmation individuelle dans un délai raisonnable. L'employeur remet à chaque salarié intéressé un document récapitulant le nombre d'heures d'astreinte accomplies par celui-ci au cours du mois écoulé ainsi que la compensation correspondante.
Le champ de la négociation collective
La mise en place des astreintes et leur mode d'organisation, les modalités d'information, les délais de prévenance des salariés concernés ainsi que la compensation sous forme financière ou sous forme de repos.
Les dispositions supplétives
Le mode d'organisation des astreintes et leur compensation sont fixés par l'employeur, après avis du CSE, s'il existe, et après information de l'inspection du travail. L'employeur communique, par tout moyen conférant date certaine, aux salariés concernés la programmation individuelle des périodes d'astreinte 15 jours à l'avance, un jour franc en cas de circonstances exceptionnelles.

Les équivalences
Les règles d'ordre public
Le régime d'équivalence constitue un mode spécifique de détermination du temps de travail effectif et de sa rémunération pour des professions et des emplois déterminés comportant des périodes d'inaction.
Le champ de la négociation collective
La durée du travail équivalente à la durée légale pour des professions et emplois déterminés (accord de branche).
Les dispositions supplétives
Le régime d'équivalence peut être institué par décret.

■ *Les durées maximales de travail*

Le temps de pause
Les règles d'ordre public
Dès que le temps de travail quotidien atteint 6 heures, le salarié bénéficie d'un temps de pause d'une durée minimale de 20 minutes consécutives.
Le champ de la négociation collective
La fixation d'un temps de pause supérieur.

La durée quotidienne maximale
Les règles d'ordre public
La durée quotidienne de travail effectif par salarié ne peut excéder 10 heures sauf en cas de dérogation accordée par l'inspecteur du travail, en cas d'urgence et dans les cas prévus ci-dessous.
Le champ de la négociation collective
Le dépassement de la durée maximale quotidienne de travail, en cas d'activité accrue ou pour des motifs liés à l'organisation de l'entreprise, ***sans que ce dépassement ne porte cette durée à plus de 12 heures***.

La durée hebdomadaire maximale
Les règles d'ordre public
Au cours d'une même semaine, la durée maximale hebdomadaire de travail est de 48 heures. En cas de circonstances exceptionnelles et pour la durée de celles-ci, le dépassement de la durée maximale peut être autorisé par l'inspection du travail, sans toutefois que ce dépassement puisse avoir pour effet de porter la durée du travail à plus de 60 heures. Le CSE donne son avis sur la demande d'autorisation. Cet avis est transmis à l'inspection du travail. *La durée hebdomadaire de travail calculée sur une période quelconque de 12 semaines consécutives ne peut dépasser 44 heures, sauf dans les cas énoncés ci-dessous.*
Le champ de la négociation collective
Le dépassement de la durée hebdomadaire de travail de 44 heures calculée sur une période de 12 semaines consécutives, à condition que ce dépassement n'ait pas pour effet de porter cette durée, calculée sur une période de 12 semaines, à plus de 46 heures.
Les dispositions supplétives
Le dépassement de la durée maximale hebdomadaire de travail de 44 heures est autorisé par l'inspection du travail dans la limite d'une durée totale maximale de 46 heures. Dans certaines régions ou dans certaines entreprises, le dépassement de la durée maximale de 46 heures peut être autorisée par l'inspection du travail pendant des périodes déterminées. Le CSE, s'il existe, donne son avis sur les demandes d'autorisation. Cet avis est transmis à l'inspection du travail.

La durée légale et les heures supplémentaires

Les règles d'ordre public
La durée légale de travail effectif des salariés à temps complet est fixée à 35 heures par semaine.
Toute heure accomplie au-delà de la durée légale hebdomadaire ou de la durée considérée comme équivalente est une heure supplémentaire qui ouvre droit à une majoration salariale ou, le cas échéant, à un repos compensateur équivalent.
Les heures supplémentaires se décomptent par semaine.
Des heures supplémentaires peuvent être accomplies dans la limite d'un contingent annuel. Les heures effectuées au-delà de ce contingent annuel ouvrent droit à une contrepartie obligatoire sous forme de repos.
Les heures prises en compte pour le calcul du contingent annuel d'heures supplémentaires sont celles accomplies au-delà de la durée légale. Les heures supplémentaires ouvrant droit au repos compensateur équivalent et celles accomplies dans le cas de travaux urgents ne s'imputent pas sur ce contingent.
Dans les entreprises dont la durée collective hebdomadaire de travail est supérieure à la durée légale hebdomadaire, la rémunération mensuelle due au salarié peut être calculée en multipliant la rémunération horaire par les 52/12e de cette durée hebdomadaire de travail, en tenant compte des majorations de salaire correspondant aux heures supplémentaires.
Le champ de la négociation collective
La période de 7 jours consécutifs constituant la semaine.
Le ou les taux de majoration des heures supplémentaires. Ce taux ne peut être inférieur à 10 %.
Le contingent annuel d'heures supplémentaires.
L'ensemble des conditions d'accomplissement d'heures supplémentaires au-delà du contingent annuel ainsi que la durée, les caractéristiques et les conditions de prise de la contrepartie obligatoire sous forme de repos. Cette ***contrepartie obligatoire sous forme de repos*** ne peut être inférieure : – à 50 % pour les entreprises de 20 salariés au plus ; – à 100 % pour les entreprises de plus 20 salariés.
Les heures supplémentaires sont accomplies, dans la limite du contingent annuel, après information du CSE s'il existe.
Les heures supplémentaires sont accomplies, au-delà du contingent annuel, après avis du CSE s'il existe.
La contrepartie sous forme de repos est accordée au titre des heures supplémentaires accomplies dans la limite d'un contingent annuel.
Le remplacement de tout ou partie du paiement des heures supplémentaires, ainsi que des majorations, par un repos compensateur de remplacement.
Les dispositions supplétives
La semaine débute le lundi à 0 heure et se termine à 24 heures.
Les heures supplémentaires donnent lieu à une majoration de salaire : *– de 25 % pour chacune des 8 premières heures supplémentaires ;* *– de 50 % pour les heures suivantes.*

Dans les entreprises dépourvues de délégué syndical, le remplacement de tout ou partie du paiement des heures supplémentaires, ainsi que des majorations, par un repos compensateur équivalent peut être mis en place par l'employeur à condition que le CE ou, à défaut, les DP, s'ils existent, ne s'y opposent pas. L'employeur peut également adapter les conditions et les modalités d'attribution et de prise du repos compensateur de remplacement après avis du CSE s'il existe.

Le contingent annuel d'heures supplémentaires est fixé à 220 heures par salarié.

La contrepartie obligatoire sous forme de repos pour les heures supplémentaires accomplies au-delà du contingent annuel est fixée à :

– 50 % pour les entreprises de 20 salariés au plus ;

– 100 % pour les entreprises de plus 20 salariés.

Le droit à contrepartie obligatoire est ouvert dès que la durée de repos atteint 7 heures. La contrepartie obligatoire est prise par journée entière ou par demi-journée dans un délai de 2 mois suivant l'ouverture du droit.

Les modalités d'utilisation du contingent annuel d'heures supplémentaires et de son éventuel dépassement donnent lieu une fois par an à la consultation du CSE s'il existe.

L'horaire collectif et l'horaire individualisé

L'horaire collectif

Les règles d'ordre public

Les salariés de l'entreprise travaillent selon le même horaire collectif. L'horaire collectif est établi par l'employeur. Cet horaire indique les heures auxquelles commence et finit chaque période de travail. Il est daté et signé par l'employeur. Il est adressé à l'inspection du travail et affiché dans l'entreprise.

La répartition hebdomadaire du travail s'effectue selon différentes modalités : 6 jours, 5 jours 1/2, 5 jours, 4 jours 1/2, 4 jours (pour les 2 derniers, avis conforme du CSE s'il existe).

Dans certaines entreprises le travail peut être organisé selon des modalités particulières :

– le travail par relais : répartir le personnel par équipes alternantes ou chevauchantes ;
– le travail par roulement : répartir les journées de travail du personnel sur un rythme différent afin de faire travailler l'entreprise 6 jours sur 7 ou 7 jours sur 7 ;
– le travail par équipes : répartir le personnel en équipes successives au cours de la journée et de la semaine afin de faire fonctionner l'entreprise 24 heures sur 24, 7 jours sur 7, 365 jours par an.

L'horaire individualisé

Les règles d'ordre public

L'employeur peut, à la demande de certains salariés, mettre en place un dispositif d'horaires individualisés permettant un report d'heures d'une semaine à une autre, dans les limites et modalités énoncées ci-après.

Ce dispositif est mis en place après avis du CSE s'il existe. Dans les entreprises ne disposant pas de représentant du personnel, l'inspecteur du travail autorise la mise en place d'horaires individualisés.

Dans ce cadre, les heures de travail effectuées au cours d'une même semaine au-delà de la durée hebdomadaire légale ou conventionnelle ne sont pas considérées commes des heures supplémentaires, pourvu qu'elles résultent d'un libre choix du salarié.

Le champ de la négociation collective
Les limites et modalités du report d'heures d'une semaine à une autre.
Les dispositions supplétives
Le report d'heures d'une semaine à une autre ne peut excéder 3 heures et le cumul des reports ne peut avoir pour effet de porter le total des heures reportées à plus de 10.

La récupération des heures perdues

Les règles d'ordre public
Seules peuvent être récupérées les heures perdues par suite d'une interruption collective du travail résultant : – de causes accidentelles, d'intempéries ou en cas de force majeure ; – d'inventaire ; – du chômage d'un jour ou de 2 jours ouvrables compris entre un jour férié et un jour de repos hebdomadaire ou d'un jour précédant les congés annuels.
Le champ de la négociation collective
Les modalités de récupération des heures perdues dans les cas énoncés ci-dessus.
Les dispositions supplétives
Les heures perdues dans les cas énoncés ci-dessus ne sont récupérables que dans les 12 mois précédant ou suivant leur perte. La récupération des heures perdues est mise en place à l'initiative de l'employeur. Le salarié ne peut pas refuser de récupérer les heures perdues. Les heures de récupération ne peuvent être réparties uniformément sur toute l'année. Elles ne peuvent augmenter la durée du travail de plus d'une heure par jour, ni de plus de 8 heures par semaine. ***Les heures récupérées ne sont pas considérées comme des heures supplémentaires***. La majoration de la rémunération ne s'applique pas.

L'aménagement du temps de travail sur une période supérieure à la semaine

Les règles d'ordre public
Lorsqu'un dispositif d'aménagement du temps de travail sur une période de référence supérieure à la semaine est mis en place, les heures supplémentaires sont décomptées à l'issue de cette période de référence. Cette période de référence ne peut dépasser 3 ans en cas d'accord collectif et 9 semaines en cas de décision unilatérale de l'employeur. ***Si la période de référence est annuelle, constituent des heures supplémentaires les heures effectuées au-delà de 1 607 heures***.

Si la période de référence est inférieure ou supérieure à un an, constituent des heures supplémentaires les heures effectuées au-delà d'une durée hebdomadaire moyenne de 35 heures calculée sur la période de référence.
Les salariés sont informés dans un délai raisonnable de tout changement dans la répartition de leur durée de travail.
La mise en place d'un dispositif d'aménagement du temps de travail sur une période de référence supérieure à la semaine par accord collectif ne constitue pas une modification du contrat de travail pour les salariés à temps complet.
Le champ de la négociation collective
La période de référence, qui ne peut excéder un an ou, si un accord de branche l'autorise, 3 ans.
Les conditions et délais de prévenance des changements de durée ou d'horaires de travail.
Les conditions de prise en compte, pour la rémunération des salariés, des absences ainsi que des arrivées et des départs en cours de période de référence.
Lorsque l'accord s'applique aux salariés à temps partiel, il prévoit les modalités de communications et de modification de la répartition de la durée et des horaires de travail.
L'accord peut prévoir une limite annuelle inférieure à 1 607 heures pour le décompte des heures supplémentaires.
Si la période de référence est supérieure à un an, l'accord prévoit une limite hebdomadaire supérieure à 35 heures, au-delà de laquelle les heures de travail effectuées au cours d'une semaine constituent en tout état de cause des heures supplémentaires dont la rémunération est payée avec le salaire du mois considéré. Si la période de référence est inférieure ou égale à un an, l'accord peut prévoir cette même limite hebdomadaire. Les heures supplémentaires résultant de ces modalités n'entrent pas dans le décompte des heures travaillées opéré à l'issue de la période de référence.
L'accord peut prévoir que la rémunération mensuelle des salariés est indépendante de l'horaire réel et détermine alors les conditions dans lesquelles cette rémunération est calculée.
Les dispositions supplétives
L'employeur peut mettre en place une répartition sur plusieurs semaines de la durée du travail, dans la limite de : ***– 9 semaines pour les entreprises de moins de 50 salariés ;*** ***– 4 semaines pour les entreprises de 50 salariés et plus.***
Dans les entreprises fonctionnant en continu, l'employeur peut mettre en place une répartition de la durée du travail sur plusieurs semaines.
Le délai de prévenance des salariés en cas de changement de durée ou d'horaires de travail est fixé à 7 jours.

■ *Les conventions de forfait*

Les règles d'ordre public
La durée du travail peut être forfaitisée en heures ou en jours. Le forfait en heures est hebdomadaire, mensuel ou annuel ; le forfait en jours est annuel.
La forfaitisation de la durée du travail doit faire l'objet de l'accord du salarié et d'une convention individuelle de forfait établie par écrit. Il existe 2 types de convention de forfait.

Les conventions de forfait en heures

Tout salarié peut conclure une convention individuelle de forfait en heures sur la semaine ou sur le mois.

Les salariés pouvant conclure une convention de forfait en heures sur l'année, dans la limite du nombre d'heures fixé conventionnellement, sont :

- les cadres dont la nature des fonctions ne les conduit pas à suivre l'horaire collectif applicable au sein de l'atelier, du service ou de l'équipe auquel ils sont intégrés ;
- les salariés qui disposent d'une réelle autonomie dans l'organisation de leur emploi du temps.

La rémunération du salarié est au moins égale à la rémunération minimale applicable dans l'entreprise pour le nombre d'heures correspondant à son forfait, augmentée, le cas échéant, si le forfait inclut des heures supplémentaires, des majorations prévues.

Les conventions de forfait en jours

Les salariés pouvant conclure une convention de forfait en jours sur l'année, dans la limite de 218 jours, sont :

- les cadres qui disposent d'une autonomie dans l'organisation de leur emploi du temps et dont la nature des fonctions ne les conduit pas à suivre l'horaire collectif applicable au sein de l'atelier, du service ou de l'équipe auquel ils sont intégrés ;
- les salariés dont la durée du temps de travail ne peut être prédéterminée et qui disposent d'une réelle autonomie dans l'organisation de leur emploi du temps pour l'exercice des responsabilités qui leur sont confiées.

Le salarié qui le souhaite peut, en accord avec son employeur, renoncer à une partie de ses jours de repos en contrepartie d'une majoration de son salaire. L'accord est établi par écrit. Un avenant à la convention de forfait détermine le taux de la majoration applicable à la rémunération de ce temps de travail supplémentaire, sans qu'il puisse être inférieur à 10 %. Cet avenant est valable pour l'année en cours. Il ne peut être reconduit de manière tacite.

L'employeur s'assure régulièrement que la charge de travail du salarié est raisonnable et permet une bonne répartition dans le temps de son travail.

Les salariés ne sont pas soumis aux dispositions relatives à la durée légale hebdomadaire, à la durée quotidienne maximale de travail et aux durées hebdomadaires maximales de travail.

Le champ de la négociation collective

Les forfaits annuels en heures ou en jours sur l'année sont mis en place par un accord collectif d'entreprise ou d'établissement ou, à défaut, par une convention ou un accord de branche qui détermine :

- les catégories de salariés susceptibles de conclure une convention individuelle de forfait ;
- la période de référence, qui peut être l'année civile ou tout autre période de 12 mois consécutifs ;
- le nombre d'heures ou de jours compris dans le forfait, dans la limite de 218 jours s'agissant du forfait en jours ;
- les conditions de prise en compte, pour la rémunération des salariés, des absences ainsi que des arrivées et départs en cours de période ;
- les caractéristiques principales des conventions individuelles, qui doivent notamment fixer le nombre d'heures ou de jours compris dans le forfait.

L'accord autorisant la conclusion individuelles de forfait en jours détermine :

- les modalités selon lesquelles l'employeur et le salarié communiquent périodiquement sur la charge de travail du salarié, sur l'articulation entre son activité professionnelle et sa vie personnelle, sur sa rémunération ainsi que sur l'organisation du travail dans l'entreprise ;
- les modalités selon lesquelles le salarié peut excercer son droit à la déconnexion.

L'accord peut fixer le nombre maximal de jours travaillés dans l'année lorsque le salarié renonce à une partie de ses jours de repos. Ce nombre de jours doit être compatible avec les dispositions au repos quotidien, au repos hebdomadaire et aux jours fériés chômés dans l'entreprise et avec celles relatives aux congés payés.
Les dispositions supplétives
Une convention individuelle de forfait en jours peut être valablement conclue sous réseve du respect des dispositions suivantes : – l'employeur établit un document de contrôle faisant apparaître le nombre et la date des journées ou demi-journées travaillées. Sous la responsabilité de l'employeur, ce document peut être renseigné par le salarié ; – l'employeur s'assure que la charge de travail du salarié est compatible avec le respect des temps de repos quotidiens et hebdomadaires ; – l'employeur organise une fois par an un entretien avec le salarié pour évoquer sa charge de travail, qui doit être raisonnable, l'organisation de son travail, l'articulation entre son activité professionnelle et sa vie personnelle ainsi que sa rémunération. ***Les modalités d'exercice par le salarié de son droit à la déconnexion*** sont définies par l'employeur et communiquées par tout moyen aux salariés concernés. ***En cas de renonciation, par le salarié, à des jours de repos et à défaut de précision dans l'accord collectif, le nombre maximal de jours travaillés dans l'année est de 235 jours.***

■ *Le travail de nuit*

Les règles d'ordre public
Le recours au travail de nuit est exceptionnel. Tout travail effectué au cours d'une période d'au moins 9 heures consécutives comprenant l'intervalle entre minuit et 5 heures est considéré comme travail de nuit. La période de travail de nuit commence au plus tôt à 21 heures et s'achève au plus tard à 7 heures. Le salarié est considéré comme travailleur de nuit dès lors qu'il accomplit au moins 2 fois par semaine au moins 3 heures de travail de nuit quotidienne ou qu'il accomplit, au cours d'une période de référence, un nombre minimal d'heures de travail de nuit. ***La durée quotidienne de travail accomplie par un travailleur de nuit ne peut excéder 8 heures***, sauf dispositions conventionnelles ou circonstances exceptionnelles sur autorisation de l'inspection du travail. ***La durée hebdomadaire de travail du travailleur de nuit, calculée sur une période de 12 semaines consécutives, ne peut dépasser 40 heures***, sauf dispositions conventionnelles. Le travailleur de nuit bénéficie de contreparties sous forme de repos compensateur et, le cas échéant, sous forme de compensation salariale. Il bénéficie aussi d'un suivi individuel régulier de son état de santé. Lorsque le travail de nuit est incompatible avec des obligations familiales impérieuses, le refus du salarié ne constitue pas une faute ou un motif de licenciement. Le salarié peut demander son affectation sur un poste de jour. Il en est de même lorsque son état de santé l'exige.
Le champ de la négociation collective
La mise en place du travail de nuit ou son extension à de nouvelles catégories de salariés. Les justifications du recours au travail de nuit et la définition de la période de travail de nuit. Les contreparties sous forme de repos compensateur et, le cas échéant, sous forme de compensation salariale.

Les mesures destinées à améliorer les conditions de travail des salariés, à faciliter l'articulation de leur activité professionnelle nocturne avec leur vie personnelle et avec l'exercice de responsabilités familiales et sociales ainsi qu'à assurer l'égalité professionnelle entre les femmes et les hommes. L'organisation des temps de pause. Le nombre minimal d'heures entraînant la qualification de travailleur de nuit sur une période de référence (accord collectif étendu). Les caractéristiques propres à l'activité d'un secteur justifiant le dépassement de la durée maximale hebdomadaire de travail de 40 heures sans pouvoir porter cette durée à plus de 44 heures sur 12 semaines consécutives. ***La faculté d'employer des salariés entre 21 heures et minuit (le travail en soirée)***.
Les dispositions supplétives
Tout travail accompli entre 21 heures et 6 heures est considéré comme du travail de nuit. L'employeur peut, à condition d'avoir engagé des négociations loyales et sérieuses, affecter des salariés à des postes de nuit sur autorisation de l'inspection du travail accordée notamment après vérifications des contreparties accordées et de l'existence de temps de pause. L'inspection du travail peut autoriser, lorsque l'activité de l'entreprise le justifie, la définition d'une période de travail de nuit différente de celle de 21 heures à 6 heures, après consultation des délégués syndicaux et avis du CSE s'il existe. ***Le nombre minimal d'heures entraînant la qualification de travailleur de nuit est fixé à 270 heures sur une période de référence de 12 mois consécutifs***. Un décret fixe la liste des secteurs pour lesquels la durée maximale hebdomadaire de travail est fixée entre 40 et 44 heures et ou le travail en soirée peut être mis en place.

■ *Le travail à temps partiel*

Les règles d'ordre public
Est considéré comme salarié à temps partiel le salarié dont la durée du travail est inférieure : – ***à la durée légale du travail*** ou à la durée conventionnelle si celle-ci est inférieure ; – ***à la durée mensuelle résultant de l'application, sur cette période, de la durée légale du travail*** ou de la durée conventionnelle si celle-ci est inférieure ; – ***à la durée annuelle résultant de l'application, sur cette période, de la durée légale du travail, soit 1 607 heures***, ou de la durée conventionnelle si celle-ci est inférieure. Le salarié qui en fait la demande peut bénéficier d'une réduction de la durée du travail sous forme d'une ou plusieurs périodes d'au moins une semaine en raison des besoins de la vie personnelle. Sa durée de travail est fixée dans la limite annuelle. Les salariés à temps complet qui souhaitent passer à temps partiel ou les salariés à temps partiel qui souhaitent passer à temps complet ou travailler au niveau de la durée minimale de travail ont priorité pour l'attribution d'un emploi correspondant. L'employeur porte à la connaissance de ces salariés la liste des emplois correspondants. Le refus d'un salarié d'accomplir un travail à temps partiel ne constitue ni une faute ni un motif de licenciement. Les salariés à temps partiel bénéficient des mêmes droits que les salariés à temps complet. Le contrat de travail du salarié à temps partiel comporte des mentions obligatoires (*cf.* chapitre 8).

Le salarié à temps parteil bénéficie d'une durée minimale, légale ou conventionnelle, de travail hebdomadaire. La durée minimale ne s'applique pas aux CDD ou aux CTT conclus pour une durée de 7 jours ou moins ou pour le remplacement d'un salarié absent ainsi qu'aux étudiants salariés de moins de 26 ans.

Le salarié peut demander à travailler en dessous de la durée minimale en raison de contraintes personnelles ou pour cumuler plusieurs activités. La demande est écrite et motivée.

Chacune des heures complémentaires accomplies donne lieu à une majoration de salaire.

Les heures complémentaires ne peuvent avoir pour effet de porter la durée de travail au niveau de la durée légale ou conventionnelle si elle est inférieure à la durée légale. Le refus d'accomplir les heures complémentaires au-delà des limites fixées au contrat ne constitue ni une faute ni un motif de licenciement. Il en est de même si le salarié est prévenu moins de 3 jours avant la date à laquelle ces heures sont prévues.

Toute modification de la répartition de la durée du travail entre les jours de la semaine ou entre les semaines du mois est notifiée au salarié en respectant un délai de prévenance.

Lorsque, pendant 12 semaines consécutives ou pendant 12 semaines au cours d'une période de 15 semaines, l'horaire moyen réellement accompli a dépassé de 2 heures au moins par semaine, ou son équivalent mensuel, l'horaire prévu au contrat, celui-ci est modifié, sauf opposition du salarié intéressé. L'horaire modifié est égal à l'horaire antérieur auquel est ajouté la différence entre cet horaire et l'horaire moyen réellement accompli.

Le champ de la négociation collective

La mise en œuvre d'horaires de travail à temps partiel à l'initiative de l'employeur et éventuellement à l'initiative du salarié.

La durée minimale de travail à temps partiel et si elle est inférieure à 24 heures, les garanties quant à la mise en place d'horaires réguliers ou d'horaires permettant au salarié de cumuler plusieurs activités.

La limite dans laquelle peuvent être accomplies des heures complémentaires jusqu'au tiers de la durée hebdomadaire ou mensuelle de travail prévue dans le contrat de travail.

Le taux de majoration de chacune des heures complémentaires qui ne peut être inférieur à 10 %.

La possibilité, par un avenant au contrat de travail, d'augmenter temporairement la durée de travail prévue dans le contrat. Un accord de branche étendu est nécessaire. Ce dernier détermine le nombre maximal d'avenants, dans la limité de 8 par an et par salarié, la majoration salariale des heures effectuées dans le cadre de cet avenant et les modalités pour bénéficier prioritairement des compléments d'heures. Les heures complémentaires accomplies au-delà de la durée déterminée par l'avenant donne lieu à une majoration salariale qui ne peut être inférieure à 25 %.

La répartition des horaires de travail dans la journée de travail. Si cette répartition comporte plus d'une interruption d'activité ou une interruption supérieure à 2 heures, l'accord doit définir les amplitudes horaires pendant lesquelles les salariés peuvent exercer leur activité et les contreparties spécifiques en tenant compte des exigences propres à l'activité exercée.

Le délai dans lequel la modification de la répartition de la durée du travail est notifiée au salarié. Ce délai ne peut être inférieur à 3 jours. Les contreparties apportées au salarié lorsque le délai est inférieur à 7 jours ouvrés.

Les dispositions supplétives

Des horaires à temps partiel peuvent être pratiqués à l'initiative de l'employeur, après avis du CSE s'il existe. Dans les entreprises dépourvues d'institutions représentatives du personnel, des horaires à temps partiel peuvent être pratiqués à l'initiative de l'employeur ou à la demande des salariés, après information de l'inspection du travail.

À défaut d'accord collectif, le salarié peut demander à bénéficier d'un poste à temps partiel, dans des conditions fixées par voie réglementaire. L'employeur ne peut refuser sa demande que s'il justifie de l'absence d'emploi disponible relevant de sa catégorie professionnelle ou de l'absence d'emploi équivalent ou s'il peut démontrer que le changement d'emploi demandé aurait des conséquences préjudiciables à la bonne marche de l'entreprise.
La durée minimale de travail du salarié à temps partiel est fixée à 24 heures par semaine ou, le cas échéant, à une durée mensuelle équivalente sur le mois ou sur la période d'aménagement du temps de travail.
Le nombre d'heures complémentaires au cours d'une même semaine ou d'un même mois ne peut être supérieur au 1/10e de la durée hebdomadaire ou mensuelle de travail prévue dans le contrat de travail.
Le taux de majoration des heures complémentaires est de 10 % pour chacune des heures complémentaires accomplies dans la limite du 1/10e des heures prévues au contrat de travail et de 25 % au-delà.
L'horaire de travail ne peut comporter, au cours d'une même journée, plus d'une interruption d'activité ou une interruption supérieure à 2 heures.
La modification de la répartition de la durée du travail est notifiée au moins 7 jours avant la date à laquelle elle doit avoir lieu.

■ Le travail intermittent

Les règles d'ordre public
Un contrat de travail intermittent ne peut être conclu que dans une entreprise couverte par une convention ou un accord d'entreprise ou, à défaut, par un accord de branche étendu.
Le contrat de travail intermittent est un CDI. Il comporte des mentions obligatoires (*cf.* chapitre 8).
Les heures dépassant la durée annuelle minimale fixée au contrat ne peuvent excéder le tiers de cette durée, sauf accord du salarié.
Le salarié intermittent bénéficie des mêmes droits que les salariés à temps complet
Le champ de la négociation collective
Les emplois permanents pouvant être pourvus par des salariés titulaires d'un contrat de travail intermittent.
Les droits conventionnels spécifiques aux salariés intermittents.
Le lissage éventuel de la rémunération et les modalités de calcul de cette rémunération.
Les conditions dans lesquelles le salarié intermittent peut refuser les dates et les horaires de travail qui lui sont proposés, lorsqu'il relève d'un secteur où la nature de l'activité ne permet pas de fixer avec précision les périodes de travail et la répartition des heures de travail au sein de ces périodes.

■ Le télétravail

Le télétravail désigne toute forme d'organisation du travail dans laquelle un travail qui aurait pu être exécuté dans les locaux de l'entreprise est effectué par un salarié hors de ces locaux de façon volontaire en utilisant les technologies de l'information et de la communication. Il est mis en place dans le cadre d'un accord collectif ou, à défaut, dans le cadre d'une charte élaborée par l'employeur après avis du CSE, s'il existe. En l'absence d'accord ou de charte, lorsque le salarié et l'employeur conviennent d'y recourir de manière occassionnelle, ils formalisent leur accord par tout moyen.

2 Le repos quotidien

Les règles d'ordre public
Tout salarié bénéficie d'un repos quotidien d'une durée minimale de 11 heures consécutives sauf dans les cas énoncés ci-dessous ou en cas d'urgence.
Le champ de la négociation collective
Les dérogations à la durée minimale du repos quotidien, notamment pour des activités caractérisées par la nécessité d'assurer une continuité du service ou par des périodes d'intervention fractionnées.
Les dispositions supplétives
En cas de surcroît exceptionnel d'activité, la demande de dérogation, accompagnée de l'avis du CSE s'il existe, est adressée par l'employeur à l'inspection du travail (délai de réponse : 15 jours). L'employeur peut, sous sa seule responsabilité et en informant l'inspection du travail, déroger à ce repos en cas de travaux urgents dont l'exécution immédiate est nécessaire (organiser des mesures de sauvetages, prévenir des accidents imminents ou réparer des accidents survenus au matériel, aux installations ou aux bâtiments). Un accord collectif ne peut avoir pour effet de réduire la durée du repos quotidien en deça de 9 heures. Le bénéfice des dérogations est subordonné à l'attribution de périodes au moins équivalentes de repos. En cas d'impossibilité, une contrepartie équivalente est prévue par accord collectif.

3 Le repos hebdomadaire

Les règles d'ordre public
Il est interdit de faire travailler un même salarié plus de 6 jours par semaine. *Le repos hebdomadaire a une durée de 24 heures consécutives auxquelles s'ajoutent les 11 heures consécutives du repos quotidien, soit un repos minimal de 35 heures consécutives*. Dans l'intérêt des salariés, le repos hebdomadaire est donné le dimanche. *Le repos dominical connaît des dérogations, soit permanentes et de plein droit* (établissements dont l'ouverture est nécessaire par les contraintes de l'activité ou les besoins du public), *soit conventionnelles* (industries où le travail est organisé en continu), *soit individuelles et temporaires* (par le maire : 12 dimanches par an, par le préfet et par l'autorité administrative dans les zones touristiques…).

4 Les jours fériés

Les règles d'ordre public
Les fêtes légales suivantes sont des jours fériés : le 1er janvier, le lundi de Pâques, le 1er mai, le 8 mai, l'Ascension, le lundi de Pentecôte, le 14 juillet, l'Assomption, la Toussaint, le 11 novembre et le jour de Noël. Les heures de travail perdues par suite de chômage des jours fériés ne donnent pas lieu à récupération.

Le chômage des jours fériés ne peut entraîner aucune perte de salaire pour les salariés totalisant au moins 3 mois d'ancienneté dans l'entreprise. Ces dispositions s'appliquent aux salariés saisonniers si, du fait de divers contrats successifs ou non, ils cumulent une ancienneté totale d'au moins 3 mois dans l'entreprise. Ces dispositions ne s'appliquent ni aux personnes travaillant à domicile, ni aux salariés intermittents, ni aux salariés temporaires.

Le 1er mai est férié et chômé. Le chômage du 1er mai ne peut être une cause de réduction de salaire. Le salarié occupé le 1er mai a droit, en plus de son salaire, à une indemnité égale au montant de ce salaire.

Le champ de la négociation collective

La définition des jours fériés chômés.

Les dispositions supplétives

L'employeur fixe les jours fériés chômés.

5 La journée de solidarité

Les règles d'ordre public

La journée de solidarité instituée en vue d'assurer le financement des actions en faveur de l'autonomie des personnes âgées ou handicapées prend la forme d'une journée supplémentaire de travail, de 7 heures, non rémunérée pour les salariés et d'une contribution pour les employeurs de 0,3 % sur les salaires en contrepartie du travail accompli durant la journée de solidarité.

Pour les salariés à temps partiel, la limite de 7 heures est réduite proportionnellement à la durée contractuelle.

Les heures correspondant à la journée de solidarité ne s'imputent pas ni sur le contingent annuel d'heures supplémentaires ni sur le nombres d'heures complémentaires prévu au contrat.

Lorsqu'un salarié a déjà accompli, au titre de l'année en cours, la journée de solidarité chez un autre employeur, le refus d'exécuter cette journée de solidarité chez son nouvel employeur ne constitue ni une faute ni un motif de licenciement. S'il exécute cette nouvelle journée de solidarité, les heures travaillées ce jour donnent lieu à rémunération et s'imputent sur le contingent annuel d'heures supplémentaires ou sur le nombres d'heures complémentaires prévu au contrat.

Le champ de la négociation collective

Les modalités d'accomplissement de la journée de solidarité :

- soit le travail d'un jour férié précédemment chômé autre que le 1er mai ;
- soit le travail d'un jour de repos accordée au titre de l'accord collectif sur l'aménagement du temps de travail sur une période supérieure à la semaine ;
- soit toute autre modalité permettant le travail de 7 heures précédemment non travaillées en application de stipulations conventionnelles ou des modalités d'organisation des entreprises.

Les dispositions supplétives

Les modalités d'accomplissement de la journée de solidarité sont définies par l'employeur, après avis du CSE s'il existe.

Les congés

Chapitre 11

L'employeur a l'obligation d'accorder le congé payé et le salarié l'obligation de prendre le congé. Le salarié peut bénéficier de congés spéciaux entraînant la suspension de son contrat de travail.

Les dispositions légales du Code du travail relatives à la durée du travail, la répartition et l'aménagement des horaires distinguent :

- ***les règles d'ordre public auxquelles il est interdit de déroger*** ;
- ***les mesures ouvertes à la négociation collective*** (primauté de l'accord d'entreprise) ;
- ***les dispositions supplétives applicables à défaut d'accord collectif***.

1 Les congés payés annuels

Le droit à congé et la durée des congés

Les règles d'ordre public
Tout salarié a droit chaque année à un congé payé à la charge de l'employeur. Le salarié de retour d'un congé maternité ou d'adoption a droit à ses congés payés quelle que soit la période de congé payé retenue pour le personnel de l'entreprise. ***Le salarié a droit à un congé de 2,5 jours ouvrables par mois de travail effectif*** chez le même employeur. ***La durée totale du congé exigible ne peut excéder 30 jours ouvrables***. Sont assimilées à un mois de travail effectif les périodes équivalentes à 4 semaines ou à 24 jours de travail. ***Sont considérées comme période de travail effectif*** : les congés payés, les congés de maternité, d'adoption et de paternité et d'accueil de l'enfant, les contreparties obligatoires sous forme de repos, les jours de repos accordés au titre de l'accord collectif, la suspension du contrat en cas d'accident du travail ou de maladie professionnelle (dans la limite d'un an), la période où le salarié est rappelé au service national. ***L'absence du salarié ne peut avoir pour effet d'entraîner une réduction de ses droits à congé plus que proportionnelle à la durée de cette absence***.

Lorsque le nombre de jours de congés n'est pas un nombre entier, il est arrondi à l'entier supérieur. Les jours ouvrables sont tous les jours de la semaine à l'exception du jour de repos hebdomadaire et des jours fériés chômés dans l'entreprise. Le premier jour ouvrable de congé est le premier jour où le salarié aurait dû travailler. ***Congés supplémentaires pour enfants à charge*** pour le salarié âgé au 30 avril de l'année précédente : – de moins de 21 ans : 2 jours par enfant à charge, réduit à un jour si le congé n'excède pas 6 jours ; – de 21 ans au moins : 2 jours par enfant à charge sans que le cumul congés payés et congés supplémentaires n'excède la durée maximale de 30 jours ouvrables.
Le champ de la négociation collective
La période de référence pour l'acquisition des congés. ***La majoration de la durée du congé en raison de l'âge, de l'ancienneté ou du handicap.***
Les dispositions supplétives
La période de référence va du 1er juin de l'année précédente au 31 mai de l'année en cours.

La période de congés et l'ordre des départs

Les règles d'ordre public
Les congés peuvent être pris dès l'embauche, sans préjudice des règles de détermination de la période de prise des congés, de l'ordre des départs et des règles de fractionnement du congé. ***Les congés sont pris dans une période qui comprend dans tous les cas la période du 1er mai au 31 octobre de chaque année.*** Elle est portée à la connaissance des salariés au moins 2 mois avant son ouverture. Les conjoints et les partenaires liés par un PACS travaillant dans la même entreprise ont droit à un congé simultané. L'ordre des départs en congé est communiqué, par tout moyen, à chaque salarié un mois avant son départ.
Le champ de la négociation collective
La période de prise des congés. ***L'ordre des départs pendant cette période.*** ***Les délais que doit respecter l'employeur s'il entend modifier l'ordre et les dates de départs.***
Les dispositions supplétives
L'employeur définit après avis, le cas échéant, du CSE s'il existe : – ***la période de prise des congés*** ; – ***l'ordre des départs***, transmis à chaque salarié un mois avant son départ, en prenant en compte : • la situation de famille des bénéficiaires (possibilités de congé du conjoint ou du partenaire lié par un PACS, présence d'un enfant ou d'un adulte handicapé ou d'une personne âgée en perte d'autonomie), • la durée de leurs services chez l'employeur, • leur activité chez un ou plusieurs autres employeurs. ***L'employeur ne peut***, sauf en cas de circonstances exceptionnelles, ***modifier l'ordre et les dates de départ moins d'un mois avant la date de départ prévue.***

Les règles de fractionnement et de report

Les règles d'ordre public
La durée des congés pouvant être pris en une seule fois ne peut excéder 24 jours ouvrables. Il peut être dérogé individuellement à cette limite pour les salariés qui justifient de contraintes géographiques particulières ou de la présence au sein du foyer d'un enfant ou d'un adulte handicapé ou d'une personne âgée en perte d'autonomie. *Lorsque le congé ne dépasse pas 12 jours ouvrables, il doit être continu*. *Lorsque le congé principal est d'une durée supérieure à 12 jours ouvrables, il peut être fractionné avec l'accord du salarié* (accord non nécessaire en cas de fermeture de l'entreprise). Une des fractions est au moins égale à 12 jours ouvrables continus compris entre 2 jours de repos hebdomadaire. Il peut être dérogé aux règles de fractionnement dans les limites autorisées par les dispositions conventionnelles ou supplétives.
Le champ de la négociation collective
Fixer la période pendant laquelle la fraction continue d'au moins 12 jours ouvrables est attribuée ainsi que les règles de fractionnement du congé au-delà du 12e jour. *Prévoir, si la durée du travail d'un salarié est décomptée à l'année, que les congés ouverts au titre de l'année de référence peuvent faire l'objet de reports*. Dans ce cas, ces reports peuvent être effectués jusqu'au 31 décembre de l'année suivant celle pendant laquelle la période de prise de ces congés a débuté.
Les dispositions supplétives
La fraction continue d'au moins 12 jours ouvrables est attribuée pendant la période du 1er mai au 31 octobre de chaque année. Le fractionnement des congés au-delà du 12e jour est effectué dans les conditions suivantes : – les jours restant dus peuvent être accordés en une ou plusieurs fois en dehors de la période du 1er mai au 31 octobre de chaque année ; – 2 jours ouvrables de congé supplémentaire sont attribués lorsque le nombre de jours de congés pris en dehors de cette période est au moins égal à 6 et 1 seul lorsque ce nombre est compris entre 3 et 5 jours. Les jours de congé principal dus au-delà de 24 jours ouvrables ne sont pas pris en compte pour l'ouverture du droit à ce supplément. Il peut être dérogé à ces règles supplétives après accord du salarié.

L'indemnité de congés payés

Les règles d'ordre public
Le congé annuel ouvre droit à une indemnité égale au dixième de la rémunération brute totale perçue par le salarié au cours de la période de référence. *Toutefois, cette indemnité ne peut être inférieure au montant de la rémunération qui aurait été perçue pendant la période de congé si le salarié avait continué à travailler*.

L'indemnité de congés payés est versée en principe à terme échu. Le bulletin de salaire comporte obligatoirement les dates de congé.

Les avantages sociaux

Le salarié bénéficie dans certains cas :

– des ***chèques-vacances*** : ils sont utilisés pour le règlement de dépenses liées aux vacances. C'est un système facultatif. La contribution de l'employeur est fonction de la rémunération du salarié (80 % au maximum du montant des chèques-vacances si elle est inférieure au plafond mensuel de la Sécurité sociale, 50 % si elle est supérieure à ce plafond) ;

– du ***billet annuel de congés payés*** : il est délivré une fois par an par la SNCF. Il permet d'obtenir une réduction de 25 % pour un trajet aller-retour d'au moins 200 km. La réduction est portée à 50 % lorsque le salarié paye au moins la moitié du prix du billet par chèques-vacances.

2 Les congés spéciaux

La durée des congés spéciaux ne peut être imputée sur celle du congé payé annuel. À l'issue de ces congés, le salarié retrouve son emploi ou un emploi similaire assorti d'une rémunération au moins équivalente.

En cas de différend, le refus de l'employeur d'accorder au salarié le congé demandé peut être contesté devant le conseil de prud'hommes, statuant en la forme des référés.

Les congés d'articulation entre la vie professionnelle et la vie personnelle et familiale

Les congés pour convenances personnelles		
Les règles d'ordre public	**Le champ de la négociation collective**	**Les dispositions supplétives**
Le salarié a droit, sur justification, à un congé :	*Fixer la durée de ces congés :*	
– pour son mariage ou pour la conclusion d'un PACS ;	*≥ 4 jours*	*4 jours*
– pour le mariage d'un enfant ;	*≥ 1 jour*	*1 jour*
– pour chaque naissance ou adoption ;	*≥ 3 jours*	*3 jours*
– pour le décès d'un enfant ;	*≥ 5 jours*	*5 jours*
– pour le décès du conjoint, du concubin ou du partenaire lié par un PACS, du père, de la mère, du beau-père, de la belle-mère, d'un frère ou d'une sœur ;	*≥ 3 jours*	*3 jours*
– pour l'annonce de la survenue d'un handicap chez un enfant.	*≥ 2 jours*	*2 jours*
Ces congés sont assimilés à du temps de travail effectif pour la détermination de la durée du congé payé annuel. Ils n'entraînent pas de réduction de la rémunération.		

Le congé de solidarité familiale

Les règles d'ordre public

Le salarié dont un ascendant, un descendant, un frère, une sœur ou une personne partageant le même domicile souffre d'une pathologie mettant en jeu le pronostic vital ou est en phase avancée ou terminale d'une affection grave et incurable a droit à ce congé. Ce droit bénéficie aussi au salarié ayant été désigné comme personne de confiance.

Le congé débute ou est renouvelé à l'initiative du salarié. Sa durée est fixée par le salarié dans les limites autorisées par les dispositions conventionnelles ou supplétives.

Le congé prend fin soit à l'expiration de la durée fixée par le salarié, soit dans les 3 jours suivant le décès de la personne assistée, soit à une date antérieure choisie par le salarié (le salarié en informe l'employeur au moins 3 jours avant son retour).

Le salarié peut, avec l'accord de son employeur, transformer ce congé en temps partiel ou le fractionner.

En cas de fractionnement, la durée minimale de chaque période de ce congé est d'une journée.

Le champ de la négociation collective

La durée maximale du congé.

Le nombre de renouvellements possibles.

Les conditions de fractionnement du congé ou de sa transformation en temps partiel.

Les délais d'information de l'employeur par le salarié sur la prise du congé, sa durée, son renouvellement et la durée de préavis en cas de retour anticipé du salarié.

Les mesures permettant le maintien d'un lien avec le salarié et l'accompagnement de son retour.

Les dispositions supplétives

La durée maximale du congé est de 3 mois, renouvelable une fois.

Le salarié informe l'employeur par tout moyen conférant date certaine, au moins 15 jours avant, sur la prise du congé, sa durée prévisible ou son renouvellement ainsi que de sa demande de fractionnement du congé ou de sa transformation en temps partiel.

Le congé de proche aidant

Les règles d'ordre public

Le salarié a droit à ce congé lorsque l'une des personnes suivantes présente un handicap ou une perte d'autonomie d'une particulière gravité : conjoint, concubin, partenaire lié par un PACS, ascendant, descendant, enfant à charge, collatéral jusqu'au 4e degré ou personne âgée ou handicapée résidant chez lui ou à qui il vient en aide.

Le congé débute ou est renouvelé à l'initiative du salarié. Il ne peut excéder, renouvellement compris, la durée d'un an pour l'ensemble de la carrière.

Le salarié peut, dans certains cas, mettre fin de façon anticipée au congé ou y renoncer (décès ou admission dans un établissement de la personne aidée, diminution des ressources du salarié).

Le salarié peut, avec l'accord de son employeur, transformer ce congé en temps partiel ou le fractionner.

En cas de fractionnement, la durée minimale de chaque période de ce congé est d'une journée. Le salarié doit informer l'employeur au moins 48 heures avant la prise de chaque période.

Le champ de la négociation collective
La durée maximale du congé. Le nombre de renouvellements possibles. Les délais d'information de l'employeur par le salarié sur la prise du congé et son renouvellement ainsi que la durée du préavis en cas de retour anticipé du salarié. Les délais de demande du salarié et de réponse de l'employeur sur le fractionnement du congé ou sa transformation en temps partiel.
Les dispositions supplétives
La durée maximale du congé est de 3 mois, renouvelable dans la limite d'un an sur l'ensemble de la carrière du salarié. Le salarié informe l'employeur par tout moyen conférant date certaine : – au moins un mois avant sur la prise du congé, sa demande de fractionnement du congé ou de sa transformation en temps partiel ; – au moins 15 jours avant de sa demande de renouvellement du congé ou de l'activité à temps partiel.

Le congé sabbatique
Les règles d'ordre public
Le droit à ce congé est ouvert au salarié justifiant, à la date de départ en congé, d'une ancienneté minimale dans l'entreprise ou dans toute autre entreprise du même groupe, cumulée, le cas échéant, sur plusieurs périodes non consécutives, ainsi que de 6 années d'activité professionnelle et n'ayant pas bénéficié depuis une durée minimale, dans la même entreprise, d'un congé sabbatique, d'un congé pour création d'entreprise ou d'un congé individuel de formation d'une durée d'au moins 6 mois. *L'employeur peut différer le départ en congé dans la limite de 6 mois (9 mois pour les entreprises de moins de 300 salariés) à compter de la demande de congé en fonction de la proportion de salariés absents ou du nombre de jours d'absence au titre de ce congé*. Dans les entreprises de moins de 300 salariés, l'employeur peut refuser le congé s'il estime que l'absence du salarié est préjudiciable à la bonne marche de l'entreprise. L'employeur informe le salarié soit de son accord sur le congé, soit de son report, soit de son refus. Le salarié ne peut invoquer aucun droit à être réemployé avant l'expiration du congé.
Le champ de la négociation collective
Les durées minimale et maximale du congé et le nombre de renouvellements. La condition d'ancienneté requise dans l'entreprise pour ouvrir droit à ce congé. La durée minimale dans l'entreprise durant laquelle le salarié ne doit pas avoir bénéficié des autres congés mentionnés ci-dessus. Les plafonds permettant de différer le congé. Les conditions et délais d'information de l'employeur par le salarié sur sa demande de congé ainsi que sur la date de son départ et sur la durée envisagée de ce congé. Les modalités du report des congés payés dus au salarié qui bénéficie de ce congé.

Les dispositions supplétives
La durée minimale du congé est de 6 mois et sa durée maximale est de 11 mois.
Le droit à ce congé est ouvert au salarié justifiant, à la date de départ du congé, d'une ancienneté dans l'entreprise d'au moins 36 mois, consécutifs ou non, et n'ayant pas bénéficié dans l'entreprise, au cours des 6 années précédentes, des autres congés mentionnés dans les règles d'ordre public.
Le salarié informe l'employeur de la date de départ en congé et de la durée de ce congé, par tout moyen conférant date certaine, au moins 3 mois à l'avance.
Le congé peut être différé par l'employeur de telle sorte que le pourcentage de salariés simultanément absents au titre de ce congé ne dépasse pas 1,5 % de l'effectif de l'entreprise, jusqu'à la date à laquelle cette condition de taux est remplie ou que le nombre de jours d'absence au titre de ce congé ne dépasse pas 1,5 % du nombre de jours de travail effectués dans les 12 mois précédant le départ en congé.
Les congés payés dus au salarié en plus de 24 jours ouvrables peuvent être reportés, à sa demande, jusqu'au départ en congé. Le cumul porte au maximum sur 6 années.

■ *Les congés pour engagement associatif, politique ou militant*

Le congé mutualiste de formation
Les règles d'ordre public
Tout administrateur d'une mutuelle, d'une union ou d'une fédération a droit, chaque année à un congé de formation.
Le champ de la négociation collective
La durée totale maximale du congé.
Le délai dans lequel le salarié informe l'employeur de sa demande de congé.
Les règles selon lesquelles est déterminé, par établissement, le nombre maximal de salariés susceptibles de bénéficier de ce congé au cours d'une année.
Les dispositions supplétives
Le nombre maximal de jours pouvant être pris au titre de congé est de 9 jours par an.
Le salarié informe l'employeur par tout moyen conférant date certaine au moins 30 jours avant le début du congé.
Les règles permettant de déterminer le nombre de salariés pouvant bénéficier de ce congé sont fixées par décret.

Le congé de participation aux instances d'emploi et de formation professionnelle ou à un jury d'examen
Les règles d'ordre public
Lorsqu'un salarié est désigné pour siéger dans une commission, un conseil ou un comité administratif ou paritaire appelé à traiter des problèmes d'emploi et de formation ou pour participer à un jury d'examen ou de VAE, l'employeur lui accorde une autorisation d'absence, sans perte de salaire, pour y participer.
L'employeur peut refuser le congé s'il estime que son absence est préjudiciable à la bonne marche de l'entreprise.

Le champ de la négociation collective
Le délai dans lequel le salarié informe l'employeur de sa demande de congé.
Les dispositions supplétives
Le salarié informe l'employeur par tout moyen conférant date certaine au moins 15 jours avant le début du congé.

Le congé pour catastrophe naturelle
Les règles d'ordre public
Le salarié résidant ou habituellement employé dans une zone touchée par une catastrophe naturelle a droit à un congé, pris en une ou plusieurs fois, pour participer aux activités d'organismes apportant une aide aux victimes. En cas d'urgence, le congé peut être pris sous préavis de 24 heures. L'employeur peut refuser le congé s'il estime que son absence est préjudiciable à la bonne marche de l'entreprise.
Le champ de la négociation collective
La durée totale maximale du congé. Le délai dans lequel le salarié informe l'employeur de sa demande de congé.
Les dispositions supplétives
La durée maximale du congé est de 20 jours par an. Le salarié informe l'employeur par tout moyen conférant date certaine au moins 48 heures avant le début du congé.

Le congé de formation des cadres et animateurs pour la jeunesse
Les règles d'ordre public
Le salarié âgé de moins de 25 ans a droit à un congé pour participer aux activités des organisations de jeunesse destinées à favoriser la préparation et la formation ou le perfectionnement de cadres et d'animateurs. Le congé peut être pris en une ou deux fois à la demande du bénéficiaire. L'employeur peut différer le congé s'il estime que son absence est préjudiciable à la bonne marche de l'entreprise.
Le champ de la négociation collective
La durée totale maximale du congé et les conditions de son cumul avec le congé de formation économique, sociale et syndicale (*cf.* chapitre 15). Le délai dans lequel le salarié informe l'employeur de sa demande de congé. Les règles selon lesquelles est déterminé, par établissement, le nombre maximal de salariés susceptibles de bénéficier de ce congé au cours d'une année.
Les dispositions supplétives
Le nombre maximal total de jours pouvant être pris au titre du congé est de 6 jours ouvrables par an. Le congé ne peut se cumuler avec le congé de formation économique, sociale et syndicale qu'à concurrence de 12 jours ouvrables pour une même année. Le salarié informe l'employeur par tout moyen conférant date certaine au moins 30 jours avant le début du congé. Les règles permettant de déterminer le nombre de salariés pouvant bénéficier de ce congé sont fixées par décret.

Le congé de représentation

Les règles d'ordre public

Lorsqu'un salarié est désigné comme représentant d'une association ou d'une mutuelle pour siéger dans une instance auprès d'une autorité de l'État ou d'une collectivité terrritoriale, l'employeur lui accorde le temps nécessaire pour participer aux réunions de cette instance. Le congé peut être fractionné en demi-journée.

L'employeur peut refuser le congé s'il estime que son absence est préjudiciable à la bonne marche de l'entreprise.

Le champ de la négociation collective

La durée totale maximale du congé.

Le délai dans lequel le salarié adresse sa demande de congé à l'employeur.

Le nombre maximal par établissement de salariés susceptibles de bénéficier de ce congé au cours d'une année.

Les dispositions supplétives

Le nombre total maximal du congé est de 9 jours ouvrables par an.

Le salarié informe l'employeur de la date de départ en congé et de la durée de ce congé, par tout moyen conférant date certaine, au moins 15 jours à l'avance.

Les règles permettant de déterminer le nombre de salariés pouvant bénéficier de ce congé sont fixées par décret.

Le congé de solidarité internationale

Les règles d'ordre public

Le salarié participant à une mission hors de France pour le compte d'une association à objet humunitaire ou pour le compte d'une organisation internationale dont la France est membre, a droit à ce congé.

L'employeur peut refuser le congé s'il estime que son absence est préjudiciable à la bonne marche de l'entreprise.

Le refus du congé par l'employeur est notifié au salarié par tout moyen conférant date certaine dans les 15 jours, ou dans un délai de 24 heures en cas d'urgence, à compter de la réception de sa demande. À défaut de réponse de l'employeur dans le délai de 15 jours, son accord est réputé acquis. En cas d'urgence, l'employeur n'est pas tenu de motiver son refus et son silence ne vaut pas accord.

À l'issue du congé, le salarié remet à l'employeur une attestation constatant l'accomplissement de sa mission, délivrée par l'association ou l'organisation concernée.

Le champ de la négociation collective

La durée maximale du congé et l'ancienneté requise pour bénéficier de ce congé.

En fonction de l'effectif de l'établissement, le nombre maximal de salariés susceptibles de bénéficier simultanément du congé.

Les délais dans lesquels le salarié adresse sa demande de congé à l'employeur.

Les mesures permettant le maintien d'un lien avec le salarié et l'accompagnement de son retour.

Les dispositions supplétives

La durée maximale du congé est de 6 mois. Elle est de 6 semaines en cas d'urgence.

L'ancienneté requise dans l'entreprise pour ouvrir droit au congé est de 12 mois, consécutifs ou non.

Le salarié informe l'employeur de la date de départ en congé, par tout moyen conférant date certaine, au moins 30 jours à l'avance. Il précise la durée de l'absence envisagée et le nom de l'association pour le compte de laquelle la mission sera accomplie.

Les règles permettant de déterminer le nombre de salariés pouvant bénéficier de ce congé sont fixées par décret.

Le congé pour acquisition de la nationalité

Les règles d'ordre public

Le salarié a le droit de bénéficier, sur justification, d'un congé pour assister à sa cérémonie d'accueil dans la citoyenneté française. Bénéficie aussi de ce droit le conjoint de la personne.

Le champ de la négociation collective

La durée du congé.

Les dispositions supplétives

La durée du congé est d'une demi-journée.

Les congés des salariés candidats ou élus à un mandat parlementaire ou local

Les règles d'ordre public

L'employeur laisse au candidat à l'Assemblée nationale ou au Sénat, le temps nécessaire pour participer à la campagne électorale dans la limite de 20 jours ouvrables.

Le même droit est accordé, sur sa demande, dans la limite de 10 jours ouvrables au salarié candidat au Parlement européen, au conseil municipal dans une commune d'au moins 1 000 habitans, au conseil départemental ou au conseil régional ou à l'Assemblée de Corse.

Le salarié bénéficie à sa convenance de ce droit, à condition que chaque absence soit au moins une demi-journée entière. Il avertit son employeur 24 heures au moins avant le début de son absence.

Le salarié peut, après accord avec l'employeur, imputer ses absences sur ses congés payés ou les récupérer.

Le contrat de travail d'un salarié élu à l'Assemblée nationale ou au Sénat est suspendu si le salarié le demande. Si le contrat a été suspendu plus de 5 ans, le salarié bénéficie d'une priorité de réembauchage pendant 1 an.

Les maires et adjoints au maire des communes de plus de 10 000 habitants au moins, les présidents et vice-présidents des conseils départementaux ou régionaux bénéficient de ces mêmes dispositions.

La réserve opérationnelle et le service national

Les règles d'ordre public

Tout salarié ayant souscrit un engagement à servir dans la réserve opérationnelle bénéficie d'une autorisation d'absence de 5 jours par année civile au titre de ses activités dans la réserve. Le salarié informe l'employeur de la date de départ en congé et de la durée de ce congé, par tout moyen conférant date certaine, au moins 1 mois à l'avance.

Le contrat de travail d'un salarié appelé au service national est suspendu pendant la durée du service national actif. La réintégration dans l'entreprise est de droit.

Tout salarié âgé de 16 à 25 ans, qui participe à la journée défense et citoyenneté (JDC), bénéficie d'une autorisation d'absence exceptionnelle d'un jour qui n'entraîne aucune réduction de rémunération.

La réserve dans la sécurité civile, les opérations de secours et la réserve sanitaire
Les règles d'ordre public
Lorsqu'un salarié membre d'une association agréée en matière de sécurité civile est sollicité pour la mise en œuvre du Plan Orsec (Organisation de la réponse de sécurité civile) ou à la demande de l'autorité de police compétente en cas d'accident, sinistre ou catastrophe, il lui appartient d'obtenir l'accord de son employeur.   ***Lorsqu'un salarié, membre de la réserve sanitaire, accomplit les périodes d'emploi ou de formation pour lesquelles il a été appelé, il est mis à la disposition de l'Agence nationale de santé publique par son employeur. Le réserviste est tenu de requérir l'accord de son employeur avant toute absence. Il a droit au maintien de sa rémunération.***   Sauf nécessité inhérente à la production ou à la marche de l'entreprise, l'employeur ne peut s'opposer à l'absence du salarié.

Le congé et la période de travail à temps partiel pour la création ou la reprise d'entreprise

Les règles d'ordre public
Le salarié qui crée ou reprend une entreprise a droit, sous réserve d'ancienneté dans l'entreprise ou dans le groupe, soit à un congé, soit à une période de travail à temps partiel. Ce droit s'applique aussi au salarié exerçant des responsabilités au sein d'une jeune entreprise innovante.   Le passage à temps partiel donne lieu à un avenant au contrat de travail.   ***L'employeur peut différer le départ en congé ou le début de la période à temps partiel, dans la limite de 6 mois à compter de la demande du salarié***. Il informe le salarié par tout moyen conférant date certaine.   Dans les entreprises de moins de 300 salariés, l'employeur peut refuser le congé ou le passage à temps partiel s'il estime que cela est préjudiciable à la bonne marche de l'entreprise ou si le salarié a déjà bénéficié de ce droit depuis moins de 3 ans. L'employeur précise le motif de son refus et le porte à la connaissance du salarié.   L'employeur peut différer le départ en congé lorsque ce départ porte l'effectif des salariés simultanément absent ou le nombre de jours d'absence au titre de ce congé et du congé sabbatique à un niveau excessif au regard, respectivement de l'effectif total et du nombre de jours travaillés dans l'entreprise.   Dans les entreprises d'au moins 300 salariés, l'employeur peut différer le début de la période à temps partiel lorsque celle-ci aurait pour effet de porter l'effectif de salariés employés simultanément à temps partiel à un niveau excessif au regard de l'effectif de l'entreprise.   À l'issue du congé ou de la période de travail à temps partiel, le salarié peut, s'il le souhaite, mettre fin à son contrat de travail sans avoir de préavis à respecter. Il en informe son employeur 3 mois avant la fin du congé ou de la période à temps partiel, par tout moyen conférant date certaine.   L'employeur informe le salarié, par tout moyen conférant date certaine, de sa décision relative à la date de départ choisie par ce dernier. À défaut de réponse de la part de l'employeur dans un délai de 30 jours à compter de la réception de la demande, son accord est réputé acquis.   Le salarié ne peut invoquer aucun droit à être réemployé avant l'expiration du congé ou remis à temps plein avant la fin de la période.

Le champ de la négociation collective
La durée totale maximale du congé ou de la période à temps partiel.
Le nombre de renouvellements possibles de ce congé ou de cette période.
La condition d'ancienneté requise pour avoir droit à ce congé ou à cette période.
Les délais dans lesquels le salarié informe l'employeur de la date à laquelle il souhaite partir en congé ou passer à temps partiel, ainsi que la durée envisagée de ce congé ou de cette période.
Les conditions et délais de la demande de prolongation de ce congé ou de cette période.
Les conditions dans lesquelles le salarié informe l'employeur de son intention de poursuivre ou de rompre son contrat de travail à l'issue de son congé ou de son temps partiel.
Les plafonds permettant de différer le congé ou le temps partiel.
Les mesures permettant le maintien d'un lien avec le salarié et l'accompagnement de son retour.
Les modalités du report des congés payés dus au salarié qui bénéficie de ce congé.
Les dispositions supplétives
La durée maximale du congé ou de la période de travail à temps partiel est d'un an. Elle peut être prolongée au plus d'un an. ***L'ancienneté requise pour l'ouverture du droit au congé ou à la période de travail à temps partiel est de 24 mois, consécutifs ou non, dans l'entreprise***.
Le salarié informe l'employeur par tout moyen conférant date certaine, au moins 2 mois avant le début du congé ou de la période de travail à temps partiel, de sa volonté de bénéficier de ce congé ou de cette période. Il précise l'activité de l'entreprise qu'il prévoit de créer ou de reprendre ainsi que la durée du congé ou la réduction souhaitée de son temps de travail.
La demande de prolongation du congé ou de la période est adressée à l'employeur, par tout moyen conférant date certaine, 2 mois avant son terme.
Le congé peut être différé par l'employeur de telle sorte que le pourcentage de salariés simultanément absents au titre de ce congé et au titre du congé sabbatique ne dépasse pas 2 % de l'effectif de l'entreprise, jusqu'à la date à laquelle cette condition de taux est remplie ou que le nombre de jours d'absence au titre de ce congé ne dépasse pas 2 % du nombre de jours de travail effectués dans les 12 mois précédant le départ en congé.
Dans les entreprises d'au moins 300 salariés, l'employeur peut différer le début de la période de travail à temps partiel lorsque celle-ci aurait pour effet de porter l'effectif de salariés employés simultanément à temps partiel à 2 % de l'effectif de l'entreprise.
Les congés payés dus au salarié en plus de 24 jours ouvrables peuvent être reportés, à sa demande, jusqu'au départ en congé. Le cumul porte au maximum sur 6 années.

3 Le compte d'engagement citoyen (CEC)

Le compte d'engagement citoyen (CEC) permet la reconnaissance de l'engagement citoyen en recensant les activités bénévoles ou de volontariat permettant, à son titulaire, d'acquérir :

- ***des droits, comptabilisés en euros, inscrits sur le compte personnel de formation (CPF), à raison de l'exercice de ces activités*** (cf. chapitre 7) ;
- ***des jours de congés destinés à l'exercice de ces activités***.

Les caractéristiques du CEC sont les suivantes :

Bénéficiaire	***Sont éligibles au compte d'engagement citoyen (CEC) les bénévoles, les volontaires, les réservistes et les maîtres d'apprentissage.*** Les activités bénévoles ou de volontariat permettant d'acquérir des droits comptabilisés en euros, inscrits sur le CPF, sont : – le service civique ; – la réserve militaire opérationnelle ; – le volontariat de la réserve civile de la police nationale ; – la réserve civique et les réserves thématiques qu'elle comporte ; – la réserve sanitaire ; – l'activité de maître d'apprentissage ; – les activités de bénévolat associatif au sein d'une association régie par la loi du 1er juillet 1901, déclarée depuis plus de 3 ans au moins, en tant que membre de l'organe de direction de l'association ou en tant qu'encadrant de bénévoles ; – l'aide apportée à une personne en situation de handicap ou à une personne âgée en perte d'autonomie à condition qu'un accord collectif de branche détermine les modalités permettant d'acquérir les droits à la formation et leur prise en charge mutualiste par les employeurs de la branche professionnelle concernée ; – le volontariat dans les corps de sapeurs-pompiers. Les activités de bénévoles ou de volontariat sont recencées dans le cadre du traitement de données à caractère personnel (*cf.* chapitre 6). Le titulaire du compte décide des activités qu'il souhaite y recenser.
Acquisition	Il ne peut être acquis plus de 240 € pour la même catégorie d'engagement (volontaire, bénévole ou maître d'apprentissage) sur la même année civile. Un décret définit la durée minimale nécessaire à l'acquisition de 240 €. Le montant des droits acquis est limité à 720 €.
Information	Le titulaire d'un CEC a connaissance des droits acquis, au titre de son engagement citoyen, sur son CPF en accédant au service en ligne gratuit (*cf.* chapitre 6).
Mise en œuvre	Les droits inscrits sur le CPF au titre du CEC peuvent être utilisés pour financer les actions destinées à permettre à leurs titulaires d'acquérir les compétences nécessaires à l'exercice de leurs missions. La mobilisation des droits est financée soit par l'État, soit par la commune pour la réserve communale de sécurité civile, soit par l'établissement public chargé de la gestion de la réserve sanitaire, soit par l'autorité de gestion du sapeur-pompier volontaire, l'État, le service d'incendie et de secours, la commune ou l'établissement public de coopération intercommunale pour l'activité de sapeur-pompier.
Fermeture du CEC	Le CEC est fermé au décès de la personne.

L'employeur a la faculté d'accorder des jours de congés payés consacrés à l'exercice d'activités bénévoles ou de volontariat. Ces jours de congés peuvent être retracés sur le CEC.

4 Le compte épargne-temps (CET)

Les règles d'ordre public
Le compte épargne-temps (CET) est mis en place par convention ou accord d'entreprise ou d'établissement ou, à défaut, par convention ou accord de branche. *Le compte épargne-temps (CET) permet au salarié d'accumuler des droits à congé rémunéré ou de bénéficier d'une rémunération, immédiate ou différée, en contrepartie des périodes de congé ou de repos non prises ou des sommes qu'il y a affectées.* Le congé annuel ne peut être affecté au CET que sur sa durée excédant 24 jours ouvrables. Tout salarié peut, sur sa demande et en accord avec son employeur, utiliser les droits affectés sur le CET pour compléter sa rémunération ou pour cesser de manière progressive son activité. L'utilisation sous forme de complément de rémunération des droits versés sur le CET au titre du congé annuel n'est autorisé que pour ceux de ces droits correspondant à des jours excédant la durée de 30 jours. Les droits acquis dans le cadre du CET sont garantis dans la limite du montant maximum garanti par l'Association pour la gestion du régime de garantie des créances des salariés (AGS).
Le champ de la négociation collective
La convention ou l'accord collectif détermine dans quelles conditions et limites le CET peut être alimenté en temps ou en argent à l'initiative du salarié ou, pour les heures accomplies au-delà de la durée collective, à l'initiative de l'employeur. La convention ou l'accord collectif définit les modalités de gestion du CET et détermine les conditions d'utilisation et de transfert des droits d'un employeur à un autre. La convention ou l'accord collectif prévoit que les droits affectés sur le CET sont utilisés, en tout ou partie : – pour contribuer au financement de prestations de retraite qui revêtent un caractère collectif et obligatoire ; – pour réaliser des versements sur un ou plusieurs plans d'épargne pour la retraite collectifs (*cf.* chapitre 12). La convention ou l'accord collectif établit un dispositif d'assurance ou de garantie pour les droits acquis, convertis en unités monétaires, qui excèdent le plus élevé des plafonds de l'AGS.
Les dispositions supplétives
À défaut de convention ou d'accord collectif, établissant un dispositif d'assurance ou de garantie pour les droits acquis, un dispositif de garantie est mis en place par décret. Dans l'attente de la mise en place de ce dispositif, lorsque les droits acquis, convertis en unités monétaires, excèdent le plus élevé des plafonds de l'AGS, une indmenité correspondant à la conversion de l'ensemble des droits est versée au salarié. À défaut de stipulation conventionnelle prévoyant les conditions de transfert des droits d'un employeur à un autre, le salarié peut : – percevoir, en cas de rupture du contrat de travail, une indemnité correspondant à la conversion monétaire de l'ensemble des droits qu'il a acquis ; – demander, en accord avec l'employeur, la consignation auprès d'un organisme tiers de l'ensemble des droits, convertis en unités monétaires, qu'il a acquis. Le déblocage des droits consignés se fait au profit du salarié bénéficiaire ou de ses ayants droit.

Le salaire et la participation

Chapitre 12

Le salaire est la rémunération que l'employeur verse au salarié en contrepartie du travail fourni. Il se compose d'un salaire de base auquel s'ajoutent éventuellement des accessoires du salaire et les heures supplémentaires. Il est librement fixé lors de l'embauche.

1 Les éléments du salaire

Salaire de base	
Salaire au temps	– *Salaire horaire* : en fonction de la durée réelle du temps de travail effectif. – *Salaire mensuel* : indépendant de la durée effective du temps de travail (salariés mensuels et mensualisés).
Salaire au rendement	En fonction des quantités produites ou de l'économie de temps réalisé.
Salaire au pourcentage	En fonction du pourcentage calculé sur le chiffre d'affaires réalisé.
Salaire au pourboire	En partie ou en totalité par les pourboires versés par la clientèle : le service porté.
Accessoires du salaire	
Avantages en nature	Partie intégrante du salaire (ex. : la nourriture, le logement…).
Primes	Complément du salaire, conditions dans lesquelles le salarié exécute son travail : qualités propres du salarié (prime d'ancienneté, d'assiduité, de rendement…) ou nature et conditions de travail (prime de danger, d'insalubrité…).
Indemnités	Non complément du salaire, remboursement de frais engagés par le salarié dans le cadre de son travail : indemnité de transport (région parisienne), prime de panier…
Gratifications	Non complément du salaire, acte de libéralité de l'employeur (facultatif et individualisé) : gratification à l'occasion du mariage du salarié…
	Complément du salaire, obligatoire si origine conventionnelle ou usage constant dans l'entreprise : 13e mois, prime de vacances, prime de bilan…

2 La fixation du salaire

Le salaire est fixé librement lors de la conclusion du contrat de travail entre le salarié et l'employeur sous réserve de respecter les dispositions légales ou conventionnelles.

■ Le salaire minimum interprofessionnel de croissance (SMIC)

Le SMIC assure aux salariés dont les revenus sont les plus faibles :

- ***une garantie de leur pouvoir d'achat*** par l'indexation du SMIC sur l'inflation mesurée pour les 20 % des ménages ayant les revenus les plus faibles. Lorsque l'indice des prix à la consommation enregistre une hausse d'au moins 2 % par rapport à l'indice constaté lors de l'établissement du SMIC immédiatement antérieur, le SMIC est relevé dans la même proportion à compter du 1er jour du mois qui suit la publication de l'indice entraînant ce relèvement ;
- ***une participation au développement économique*** par la revalorisation du SMIC au 1er janvier de chaque année sur la base de la moitié du gain de pouvoir d'achat du salaire horaire moyen des ouvriers et des employés.

Au 1er janvier 2020, le SMIC est de 10,15 € brut de l'heure soit 1 539,42 € brut par mois.

■ Le salaire minimum conventionnel

L'employeur, soumis à une convention collective, doit respecter les dispositions concernant la détermination des classifications professionnelles et des niveaux de qualification ainsi que les minima conventionnels. Il doit donc appliquer au salarié le salaire minimum conventionnel correspondant à sa position dans la classification. Les limites à la fixation des salaires sont des limites minimum. Si le salaire minimum conventionnel est inférieur au SMIC, l'employeur doit verser un complément de rémunération pour porter le salaire au niveau du SMIC.

3 Le paiement du salaire

■ Le mode et le lieu de paiement

Le salaire est payé en espèces, par chèque barré ou par virement postal ou bancaire. Le salaire supérieur à 1 500 € est obligatoirement payé par chèque barré ou par virement. Le paiement du salaire s'effectue sur le lieu et pendant le temps de travail.

Le salarié peut demander un acompte (paiement partiel et anticipé du salaire déductible en totalité sur la paie à venir) ou une avance (prêt de l'employeur remboursable par une retenue sur salaire dans la limite de 1/10e du montant du salaire).

■ La mensualisation

La mensualisation garantit au salarié une rémunération mensuelle qui ne tient pas compte du nombre de jours de travail effectif dans le mois. Elle correspond à une durée de 151,67 heures par mois pour un horaire hebdomadaire de 35 heures. Elle permet la stabilité du salaire en cas de réduction du temps de travail indépendante de la volonté du salarié (paiement des jours fériés chômés ou des congés pour événements familiaux et maintien du salaire en cas d'arrêt de travail sous certaines conditions). Elle est obligatoire pour l'ensemble des salariés (sauf salariés agricoles, saisonniers, à domicile ou intérimaires).

■ Le bulletin de paie

Un bulletin de paie est remis obligatoirement au salarié à l'occasion de chaque paie. Il doit être lisible et compréhensible. Il n'est soumis à aucune condition de forme mais doit comporter les mentions obligatoires prescrites par la loi. L'employeur a la possibilité de délivrer des bulletins de paie sous forme électronique à condition que le salarié ne s'y oppose pas et que la remise s'effectue dans des conditions garantissant l'intégrité des données.

Depuis le 1er janvier 2018, le bulletin de paie simplifié est obligatoire pour toutes les entreprises.

L'employeur doit conserver les bulletins de paie, sur support papier ou informatique, pendant 5 ans.

Le salarié dispose d'un délai de 3 ans pour réclamer le paiement des sommes qui lui sont dues.

En cas d'absence non rémunérée, le salaire est calculé en multipliant le salaire horaire par le nombre d'heures de travail réellement effectuées.

4 La protection des salaires

■ La protection contre les créanciers de l'employeur

L'employeur assure ses salariés en vue de garantir le paiement des salaires en cas de redressement ou de liquidation judiciaires, par une cotisation, auprès de l'Association pour la gestion du régime de garantie des créances des salariés (AGS).

■ La protection contre les créanciers du salarié

Le salaire ayant avant tout un caractère alimentaire, il ne peut être saisi en totalité. Un barème, majoré en fonction du nombre d'enfants à charge, détermine la fraction saisissable du salaire. Il est laissé au salarié une somme au moins égale au montant forfaitaire du RSA.

5 La participation, l'intéressement et l'épargne salariale

La participation

La participation a pour objet de garantir collectivement aux salariés le droit de participer aux résultats de l'entreprise. La participation est obligatoire dans les entreprises d'au moins 50 salariés.

L'entreprise assujettie doit constituer chaque année une réserve spéciale de participation, prélevée sur ses bénéfices, déterminée par la formule suivante :

$$RSP = \frac{1}{2}\left(B - \frac{5C}{100}\right) \times \left(\frac{S}{VA}\right)$$

RSP : réserve spéciale de participation
B : bénéfice net de l'entreprise
C : capitaux propres de l'entreprise
S : salaires bruts de l'entreprise
VA : valeur ajoutée de l'entreprise

La répartition de la réserve entre les bénéficiaires peut être proportionnelle au salaire (limité à 3 fois le plafond de la Sécurité sociale) ou à la durée de présence du salarié au cours de l'exercice concerné, uniforme entre tous les salariés ou une combinaison de ces critères. Chaque bénéficiaire ne peut se voir attribuer une somme égale ou supérieure à 3/4 du plafond annuel de la Sécurité sociale. Il reçoit une information annuelle (montant de la réserve et de ses droits, période d'indisponibilité...).

L'accord de participation peut prévoir l'affectation des sommes sur un plan d'épargne salariale (plan d'épargne entreprise, plan d'épargne interentreprises ou plan d'épargne retraite d'entreprise collectif). Si l'entreprise a un plan d'épargne retraite d'entreprise collectif, la moitié de la RSP doit lui être affectée sauf si le salarié en décide autrement.

Les sommes versées au titre de la participation sont :

– soit indisponibles pendant 5 ans. Elles sont – à l'issue de cette période – exonérées de l'impôt sur le revenu et de toutes charges sociales, à l'exception de la CSG et de la CRDS. Le salarié peut obtenir un déblocage anticipé dans certains cas (événement familial, cessation du contrat...) ;

– soit, en tout ou partie, versées immédiatement au salarié qui en fait la demande. Dans ce cas, elles sont soumises à l'impôt sur le revenu mais exonérées de toutes charges sociales, à l'exception de la CSG et de la CRDS.

L'intéressement

L'intéressement a pour objet d'associer collectivement les salariés aux résultats ou aux performances de l'entreprise.

L'accord d'intéressement peut être conclu dans toute entreprise pour une durée de 3 ans. Il peut prévoir un intéressement aux résultats ou à l'accroissement de la productivité ou tout autre mode de rémunération collective permettant de réaliser l'intéressement des salariés en entreprise.

La répartition de l'intéressement entre les salariés s'effectue selon les mêmes modalités que la participation. Les sommes versées au titre de l'intéressement. Elles sont cependant soumises à l'impôt sur le revenu, sauf si le salarié décide d'affecter à un plan d'épargne entreprise le produit de l'intéressement (limité à un montant égal à 50 % du plafond de la Sécurité sociale).

■ Le plan d'épargne entreprise (PEE)

Le plan d'épargne entreprise (PEE) est un système d'épargne collective ouvrant aux salariés d'une entreprise la faculté de participer avec l'aide de celle-ci à la constitution d'un portefeuille de valeurs mobilières. Il peut être institué dans toute entreprise. Le portefeuille de valeurs mobilières est constitué d'actions de SICAV, de fonds communs de placement ou d'actions émises par les sociétés créées par les salariés pour le rachat de l'entreprise.

Les sommes sont indisponibles pendant 5 ans. Elles peuvent être débloquées dans les mêmes conditions qu'en matière de participation. Elles ne sont pas exonérées de l'impôt sur le revenu, sauf si elles proviennent de la participation ou de l'intéressement. Par contre, les revenus provenant de ces sommes sont exonérés de l'impôt sur le revenu lorsqu'ils sont réemployés dans le PEE avec la même indisponibilité.

■ Le plan d'épargne interentreprises (PEI)

Le plan d'épargne interentreprises (PEI) est un système d'épargne collective ouvrant aux salariés des petites et moyennes entreprises la faculté d'accéder aux dispositifs d'épargne salariale en mutualisant les coûts de mise en place et de fonctionnement du plan d'épargne. Il est institué par accord collectif concernant un secteur géographique, une branche professionnelle ou plusieurs entreprises ou par accord entre plusieurs employeurs pris individuellement. L'alimentation du PEI, l'affectation des sommes versées, leur indisponibilité et leur régime fiscal sont identiques à ceux du PEE.

■ Le plan d'épargne pour la retraite collectif (PERCO)

Le plan d'épargne pour la retraite collectif (PERCO) est un système d'épargne collective ouvrant aux salariés la faculté de constituer, avec l'aide de leur entreprise, une épargne en vue de leur retraite. À compter du 1er octobre 2020, le PERCO ne pourra plus être mis en place dans les entreprises. Néanmoins les PERCO existants à cette date continuent à produire leurs effets ou peuvent être transformés en plan d'épargne retraite d'entreprise collectif.

Le plan d'épargne retraite d'entreprise (PERE)

Le plan d'épargne retraite d'entreprise (PERE) est un produit d'épargne à long terme permettant au salarié d'économiser pendant sa période d'activité pour obtenir, avec l'aide de son entreprise, un capital ou une rente à l'âge de la retraite. Il peut être institué dans toute entreprise.

Le PERE collectif est un plan ouvert à tous les salariés d'une entreprise. Il est mis en place à l'initiative de l'employeur ou par un accord avec les représentants des salariés. ***L'adhésion est facultative***.

Le PERE obligatoire est un plan ouvert à tous les salariés d'une entreprise ou réservé à certaines catégories de salariés. Il est mis en place sur décision de l'employeur, par la ratification d'un accord par la majorité des salariés concernés ou par un accord collectif. ***L'adhésion est obligatoire***.

L'actionnariat salarié

L'actionnariat des salariés se caractérise par la détention par les salariés d'actions de leur entreprise. Les dispositions législatives concernant l'actionnariat salarié visent :

- ***à favoriser le développement de l'actionnariat salarié par l'intermédiaire des différents PEE*** : lors de toute augmentation du capital, le conseil d'administration doit soumettre à l'assemblée générale extraordinaire un projet de résolution tendant à réaliser une augmentation de capital réservée aux salariés adhérents d'un PEE. Ce projet de résolution peut aussi prévoir l'attribution gratuite d'actions ou d'autres titres donnant accès au capital ;
- ***à renforcer la représentation des salariés dans les organes dirigeants des sociétés anonymes*** : il existe, selon les situations, 3 types de représentation des salariés :
  - ***une représentation facultative des salariés*** : le conseil d'administration ou de surveillance des sociétés anonymes ou en commandite par actions peut prévoir qu'une partie des administrateurs soit élue par les salariés, dans la limite maximum de 4,
  - ***une représentation obligatoire des salariés actionnaires dès lors qu'ils détiennent plus de 3 % du capital*** : un ou plusieurs membres du conseil d'administration ou de surveillance sont élus par l'assemblée générale des actionnaires sur proposition des actionnaires salariés,
  - ***une représentation obligatoire des salariés*** : dans les sociétés anonymes d'au moins 1 000 salariés (siège social en France) ou d'au moins 5 000 salariés (siège social en France et à l'étranger), les administrateurs représentant les salariés sont au nombre de 1 ou 2 selon que le nombre d'administrateurs est inférieur ou non à 12. Ils sont soit élus par les salariés, soit désignés par le comité de groupe, soit par l'organisation syndicale la plus représentative.

Le travail des jeunes et des femmes

Chapitre 13

Des dispositions législatives particulières s'appliquent aux jeunes et aux femmes. Les femmes enceintes bénéficient d'une protection particulière.

1 Les dispositions particulières aux jeunes

Âge d'embauche	16 ans, libéré de l'obligation scolaire (exceptions : 14 ans, travail pendant la moitié des vacances scolaires ; 15 ans, apprentissage si niveau 3e).
Durée du travail	– Durée hebdomadaire : 35 h (pour les jeunes de – 18 ans, sauf apprenti). – Durée quotidienne du travail : 8 h (pour les jeunes de – 18 ans, sauf apprenti). – Heures supplémentaires dans la limite de 5 h par semaine pour les jeunes de – 18 ans – Temps de pose de 30 min au-delà de toute période de travail de 4 h 1/2. – Durée minimale du repos quotidien : 14 h (– 16 ans) et 12 h (– 18 ans). – Interdiction du travail de nuit entre 20 h et 6 h (– 16 ans) et entre 22 h et 6 h (– 18 ans). – Repos obligatoire à l'occasion des jours fériés légaux.
Rémunération	Au minimum le SMIC mais abattement : 20 % avant 17 ans et 10 % entre 17 et 18 ans (supprimé dès que le jeune a 6 mois de pratique professionnelle).
Congés payés	Droit à un congé de 30 jours ouvrables quelle que soit son ancienneté si moins de 21 ans au 30 avril de l'année précédente (seuls les jours acquis ouvrent droit à indemnisation.
Hygiène et sécurité	Protections particulières : interdiction des travaux dangereux, limitation pour le port des charges, interdiction de la vente aux étalages extérieurs si la température est < 0°…

2 L'égalité professionnelle entre les femmes et les hommes

La loi énonce le principe de l'égalité professionnelle entre les femmes et les hommes : interdiction de toute discrimination fondée sur le sexe en matière d'embauche, de mutation, de licenciement ou de renouvellement de contrat, interdiction de mentionner dans une offre d'emploi des restrictions liées au sexe ou à la situation de famille et égalité de rémunération entre l'homme et la femme pour un même travail ou pour un travail équivalent…

Dans toute entreprise d'au moins 50 salariés, l'employeur publie chaque année des indicateurs relatifs aux écarts de rémunération entre les femmes et les hommes (définis par décret) et les actions mises en œuvre pour les supprimer. Si les résultats obtenus par l'entreprise, au regard des indicateurs se situent en déçà d'un niveau défini par décret, elle dispose d'un délai de 3 ans pour se mettre en conformité. Passé ce délai, l'employeur est soumis à une pénalité dont le montant est fixé au maximum à 1 % des rémunérations versées aux salariés. Elle ne se cumule pas avec celle due pour l'absence d'accord relatif à l'égalité professionnelle entre les femmes et les hommes (*cf.* p. 32).

3 La protection de la femme enceinte ou mère de famille

Embauche	Interdiction de toute discrimination fondée sur l'état de grossesse.
Congé maternité	Durée du congé, 16 semaines : 6 avant l'accouchement et 10 après (augmentée en cas de naissances ou d'adoptions multiples ou en cas de pathologie de la mère : 2 semaines avant l'accouchement et/ou 4 semaines après).
	Droit au congé facultatif mais interdiction de tout travail pendant une période de 8 semaines (2 semaines avant l'accouchement et 6 semaines après).
Congé adoption	À la mère ou au père adoptif ; part du jour où l'enfant arrive au foyer ou dans la semaine qui précède son arrivée ; égal au congé maternité qui suit l'accouchement.
Mutation	À sa demande, ou sur proposition de l'employeur, sans réduction de salaire, sous réserve que cette mutation soit nécessitée par des raisons médicales reconnues par le médecin du travail. En cas d'impossibilité de reclassement temporaire, le contrat de travail est suspendu pendant le congé de maternité, et pour une période d'un mois après son retour de congé postnatal. La salariée bénéficie d'une garantie de rémunération (allocation journalière de maternité spécifique plus complément prévu par la mensualisation, sans condition d'ancienneté).
Allaitement	1 h par jour pendant 1 an, à compter du jour de la naissance.
Licenciement	Protection contre le licenciement, sauf en cas de faute grave, à partir du jour où l'employeur est informé de son état – par certificat médical – jusqu'à la 10e semaine suivant l'expiration du congé maternité (s'applique au père pendant les 10 semaines suivant la naissance et aussi à la mère ou au père adoptif qui utilise le droit au congé adoption).
	Licenciement annulé, si dans les 15 jours suivant sa notification, la salariée justifie de son état par certificat médical, ou fournit une attestion justifiant l'arrivée d'un enfant adopté dans les 8 jours.
Démission	Sans préavis pendant sa grossesse ou dans les 15 jours précédant la fin du congé maternité ou adoption (prioritaire à l'embauche pendant l'année qui suit sa démission).
Convention collective	Avantages particuliers aux femmes enceintes (ex. : possibilité d'arriver après ou partir avant l'heure afin d'éviter les bousculades).

La santé, la sécurité et les conditions de travail

Chapitre 14

Au sein de l'entreprise, le comité social et économique ou la commission santé, sécurité et conditions de travail contribue à la protection de la santé, à la sécurité et à l'amélioration des conditions de travail des salariés.

1 Les dispositions générales en matière de santé, de sécurité et de conditions de travail

Principales dispositions en matière de santé, de sécurité et de conditions de travail	
Générales	Ensemble des salariés (ex. : chauffage, insonorisation…).
Particulières	Femmes et jeunes travailleurs (ex. : interdiction des travaux dangereux…).
Spéciales	Activité impliquant l'utilisation de procédés de travail dangereux ou l'emploi de produits toxiques susceptibles de provoquer des maladies professionnelles.
Domaines d'action en matière de santé, de sécurité et de conditions de travail	
Hygiène des locaux	Aération, chauffage, éclairage, bruit, installations sanitaires, nettoyage des locaux.
Santé des salariés	– Interdiction de fumer et d'apporter des boissons alcoolisées. – Interdiction de tout harcèlement sexuel ou moral. – Mise à disposition d'un réfectoire ou d'une cantine. – Surveillance médicale…
Prévention en matière de sécurité	Prévention des accidents du travail et des maladies professionnelles : – réglementation utilisation machines dangereuses (dispositif de sécurité…) ; – réglementation emploi produits toxiques (étiquetage, stockage…) ; – formation à la sécurité, matériel de premiers secours… Prévention des incendies : issues de secours, éclairage de sécurité, matériel d'extinction…

L'employeur doit élaborer un ***document unique d'évaluation des risques professionnels*** qui comporte un inventaire des risques identifiés dans chaque unité de travail de l'entreprise.

2 La commission santé, sécurité et conditions de travail (CSSCT) du comité social et économique (CSE)

Les règles d'ordre public
Une commission santé, sécurité et conditions de travail (CSSCT) est créée au sein du comité social et économique (CSE) dans les entreprises ou établissements d'au moins 300 salariés ainsi que dans les établissements comprenant au moins une installation nucléaire de base ou classée Seveso. *En deçà de ce seuil, l'inspecteur du travail peut imposer sa création* lorsque cette mesure est nécessaire, notamment en raison de la nature des activités, de l'agencement ou de l'équipement des locaux. La CSSCT se voit confier, par délégation du CSE, tout ou partie des attributions relatives à la santé, la sécurité et aux conditions de travail, à l'exception du recours à un expert et des attributions consultatives du CSE. La CSSCT est présidée par l'employeur ou son représentant. Elle comprend au minimum 3 membres, dont au moins un représentant du 2e collège, ou le cas échéant du 3e collège. Ils sont désignés par le CSE parmi ses membres, par une résolution prise à la majorité des membres présents, pour une durée qui prend fin avec celles du mandat des membres élus du CSE. Le médecin du travail, l'inspecteur du travail, l'agent des services de prévention des organismes de sécurité sociale ainsi que le responsable interne du service de sécurité et des conditions de travail sont informés et invités aux réunions de la commission. L'employeur peut se faire assister par des collaborateurs. Ensemble, ils ne peuvent être en nombre supérieur à celui des représentants du personnel titulaires. Les membres de la CSSCT bénéficient d'une formation d'une durée minimale de 5 jours dans les entreprises d'au moins 300 salariés et de 3 jours dans les entreprises de moins de 300 salariés.
Le champ de la négociation collective
Un accord d'entreprise ou, en l'absence de délégué syndical, un accord entre l'employeur et le CSE, adopté à la majorité des membres titulaires élus de la délégation du personnel du CSE fixe les modalités de mise en place de la CSSCT : – le nombre de membres de la commission ; – les missions déléguées à la commission par le CSE et leurs modalités d'exercice ; – leurs modalités de fonctionnement, notamment le nombre d'heures de délégation dont bénéficient les membres de la commission pour l'exercice de leurs missions ; – les modalités de leur formation ; – le cas échéant, les moyens qui leur sont alloués ainsi que les conditions et modalités dans lesquelles une formation spécifique correspondant aux risques ou facteurs de risques particuliers, en rapport avec l'activité de l'entreprise peut être dispensée aux membres de la commission. En dehors des cas prévus par les dispositions d'ordre public, un accord d'entreprise ou, en l'absence de délégué syndical, un accord entre l'employeur et le CSE peut décider de la création d'une ou plusieurs CSSCT.
Les dispositions supplétives
À défaut d'accord, le règlement intérieur du CSE définit les modalités de mise en place du CSSCT dans les cas prévus par les dispositions d'ordre public.

3 Les droits d'alerte

Un salarié ou un représentant du personnel du CSE dispose des droits d'alerte suivants :

- *le droit d'alerte en cas de danger grave et imminent* : le salarié peut se retirer d'une situation de travail s'il considère qu'elle présente un danger grave et imminent pour sa vie ou sa santé. Il en informe l'employeur ;
- *le droit d'alerte en matière de santé publique et d'environnement* : le salarié alerte l'employeur s'il estime, de bonne foi, que les produits ou procédés de fabrication utilisés ou mis en œuvre par l'entreprise font peser un risque grave sur la santé publique ou l'environnement ;
- *le droit d'alerte en cas d'atteinte aux droits des personnes* : le membre de la délégation du personnel au CSE qui constate l'existence d'une atteinte aux droits des personnes, à leur santé physique et mentale ou aux libertés individuelles dans l'entreprise qui ne serait pas justifiée par la nature de la tâche à accomplir, ni proportionnée au but recherché, en saisit l'employeur.

L'employeur prend les dispositions nécessaires pour remédier à ces situations.

4 La prévention de la pénibilité

Toute entreprise d'au moins 50 salariés, dont une partie du personnel est exposé à des facteurs de risques professionnels liés à des contraintes physiques marquées ou à certains rythmes de travail susceptibles de laisser des traces durables et irréversibles sur la santé, doit être couverte par un accord ou un plan relatif à la prévention de la pénibilité. Tout salarié exposé à un ou plusieurs facteurs de risques professionnels acquiert des points sur son compte professionnel de prévention (*cf.* chapitre 18).

5 La protection contre le harcèlement sexuel ou moral

La protection contre le harcèlement sexuel ou moral, exercé tant par l'employeur que par toute personne qui lui est substituée ou qu'entre collègues, vise l'ensemble des salariés.

Le harcèlement sexuel est le fait d'imposer à une personne, de façon répétée, des propos ou comportements à connotation sexuelle qui, soit portent atteinte à sa dignité en raison de leur caractère dégradant ou humiliant, soit créent à son encontre une situation intimidante, hostile ou offensante. Est assimilé au harcèlement sexuel le fait, même non répété, d'user de toute forme de pression grave, dans le but réel ou apparent d'obtenir un acte de nature sexuelle, que celui-ci soit recherché au profit de l'auteur des faits ou au profit d'un tiers.

Nul ne doit subir d'agissement sexiste, défini comme tout agissement lié au sexe d'une personne, ayant pour objet ou pour effet de porter atteinte à sa dignité ou de créer un environnement intimidant, hostile, dégradant, humiliant ou offensant.

Le harcèlement moral est caractérisé par des agissements répétés à l'encontre d'un salarié ayant pour objet ou effet une dégradation des conditions de travail susceptible de porter atteinte à ses droits et à sa dignité, d'altérer sa santé physique ou mentale, ou de compromettre son avenir professionnel.

L'employeur prend les dispositions nécessaires en vue de prévenir les agissements de harcèlement moral ou sexuel ou sexiste. Le CSE désigne parmi ses membres un référent en matière de lutte contre le harcèlement sexuel ou les agissements sexistes.

6 Le service de santé au travail

Toute entreprise constitue son service de santé au travail ou adhère à un service de santé au travail inter-entreprises. Le médecin du travail, et sous son autorité le collaborateur médecin, l'interne en médecine du travail ou l'infirmier, doit veiller à éviter toute altération de la santé des salariés du fait de leur travail. Il doit aussi prévenir les atteintes à la sécurité des tiers. Il dispose d'un temps pour remplir sa mission. Il est placé sous le contrôle du médecin inspecteur du travail.

Conseiller de l'entreprise	Auprès de l'employeur, du CSE pour tout ce qui concerne la santé, la sécurité et les conditions de travail des salariés.
Surveiller la santé des salariés	***La visite d'information et de prévention*** : réalisée après l'embauche, dans un délai qui n'excède pas 3 mois après la prise de fonction. Cette visite, réalisée par le professionnel de santé, donne lieu à la délivrance d'une attestation de suivi. ***L'examen médical d'aptitude*** : réalisé avant l'embauche pour tout salarié affecté à un poste présentant des risques particuliers pour sa santé ou sa sécurité.
	Le suivi individuel de l'état de santé du salarié : les modalités et la périodicité de ce suivi prennent en compte les conditions de travail, l'état de santé et l'âge du salarié, ainsi que les risques professionnels auxquels il est exposé. La périodicité ne peut excéder 5 ans. Le travailleur handicapé bénéficie d'un suivi médical adapté à son état de santé. Le travailleur de nuit bénéficie d'un suivi médical régulier de son état de santé. Le travailleur affecté à un poste présentant des risques particuliers pour sa santé ou sa sécurité bénéficie d'un suivi médical renforcé de son état de santé.

7 Le service social du travail

Le service social du travail est organisé dans toute entreprise occupant au moins 250 salariés. Il a pour mission de faciliter la vie personnelle des salariés, d'aider les familles dans leurs démarches auprès d'autres services sociaux et de participer à l'étude des postes de travail, des mesures pour améliorer l'hygiène et la sécurité, des problèmes d'emploi...

La représentation collective

Chapitre 15

Au sein de l'entreprise, les salariés disposent d'organes de représentation ayant chacun un rôle spécifique. Ils sont obligatoires selon un seuil d'effectif variable.

1 Les syndicats professionnels

La définition du syndicat

Un syndicat professionnel est un groupement de personnes exerçant la même profession, des professions similaires ou des professions connexes (concourant à l'élaboration d'un même produit). Il a pour objet ***l'étude et la défense des droits ainsi que des intérêts matériels et moraux tant individuels que collectifs de ses membres***.

La constitution des syndicats

Liberté de constitution	Dépôt des statuts et des noms des dirigeants du syndicat à la mairie.
	Tout adhérent à un syndicat peut participer à sa direction s'il est âgé de plus de 18 ans et s'il n'a subi aucune condamnation infamante.
	Dissolution d'un syndicat volontairement, statutairement ou judiciairement.
Liberté d'adhésion	Tout salarié peut adhérer ou non à un syndicat sans condition d'âge, de sexe ou de nationalité. Il peut en démissionner tout aussi librement.
	L'employeur ne doit jamais prendre en considération l'appartenance à un syndicat ou l'exercice d'une activité syndicale pour arrêter ses décisions à l'égard d'un salarié en matière d'embauche, de licenciement ou d'avantages professionnels...
Organisation du syndicat	L'organisation de base est la section syndicale qui rassemble les adhérents d'un même lieu de travail. Les syndicats de base se regroupent ensuite en unions (groupement interprofessionnel) et en fédérations (groupement professionnel), le tout au sein d'une même confédération.

■ *La représentativité syndicale*

a) Les critères de représentativité syndicale

La représentativité des organisations syndicales de salariés est déterminée d'après les critères cumulatifs suivants :

- ***le respect des valeurs républicaines*** ;
- ***l'indépendance*** ;
- ***la transparence financière*** ;
- ***une ancienneté minimale de 2 ans*** dans le champ professionnel et géographique couvrant le niveau de négociation (ancienneté appréciée à compter de la date de dépôt légal des statuts) ;
- ***l'audience établie selon les niveaux de négociation*** conformément aux dispositions légales ;
- ***l'influence, prioritairement caractérisée par l'activité et l'expérience*** ;
- ***les effectifs d'adhérents et les cotisations***.

b) La mesure de la représentativité syndicale

La mesure de la représentativité syndicale est effectuée tous les 4 ans. Elle prend en compte :

- les élections professionnelles (1er tour des élections des membres titulaires de la délégation du personnel au CSE) organisées dans les entreprises de plus de 11 salariés ;
- le scrutin organisé auprès des salariés des entreprises de moins de 11 salariés et des employés à domicile. Le vote a lieu soit par voie électronique si l'employeur a le matériel nécessaire, soit par correspondance ;
- les élections pour les salariés de la production agricole, l'audience étant appréciée au regard des suffrages exprimés aux élections des membres représentant les salariés de la production agricole dans les chambres départementales d'agriculture.

La dernière mesure de l'audience au niveau des branches professionnelles et au niveau national et interprofessionnel est intervenue en 2017. Le ministre du Travail arrête, après avis du Haut Conseil du dialogue social, la liste des organisations syndicales de salariés reconnues représentatives au niveau national et interprofessionnel et celles reconnues représentatives par branche professionnelle en application des critères de représentativité.

Le Haut Conseil du dialogue social comprend des représentants d'organisations représentatives d'employeurs au niveau national, des représentants d'organisations syndicales de salariés nationales et interprofessionnelles, des représentants du ministre du Travail et des personnalités qualifiées.

c) La représentativité syndicale selon les niveaux de négociation

La représentativité syndicale au niveau national et interprofessionnel

- Être représentative à la fois dans des branches de l'industrie, de la construction, du commerce et des services.
- Avoir recueilli au moins 8 % des suffrages exprimés résultant de l'addition au niveau national et interprofessionnel des suffrages exprimés au 1er tour des dernières élections des membres titulaires de la délégation du personnel au CSE, quel que soit le nombre de votants, des suffrages exprimés aux élections concernant les entreprises de moins de 11 salariés ainsi que des suffrages exprimés aux élections des membres représentant les salariés aux chambres départementales d'agriculture.
- Satisfaire aux autres critères de représentativité.

Au niveau national et interprofessionnel, 5 organisations syndicales sont représentatives :

- CGT : Confédération générale du travail (1895) ;
- CFDT : Confédération française démocratique du travail (1964) ;
- CGT-FO : Confédération générale du travail – Force ouvrière (1948) ;
- CFTC : Confédération française des travailleurs chrétiens (1919) ;
- CFE-CGC : Confédération française de l'encadrement – Confédération générale des cadres (1944).

À côté de ces confédérations, existent d'autres syndicats : Union nationale des syndicats autonomes (UNSA, 1993), Fédération syndicale unitaire (FSU, 1994), Union syndicale solidaire (1981)…

La représentativité syndicale au niveau de la branche professionnelle

- Disposer d'une implantation territoriale équilibrée au sein de la branche.
- Avoir recueilli au moins 8 % des suffrages exprimés résultant de l'addition au niveau de la branche, d'une part, des suffrages exprimés au 1er tour des dernières élections des membres titulaires de la délégation du personnel au CSE, quel que soit le nombre de votants, et, d'autre part, des suffrages exprimés aux élections concernant les entreprises de moins de 11 salariés.
- Satisfaire aux autres critères de représentativité.

La représentativité syndicale au niveau de l'entreprise

- Avoir recueilli au moins 10 % des suffrages exprimés au 1er tour des dernières élections des membres titulaires de la délégation du personnel au CSE, quel que soit le nombre de votants.
- Satisfaire aux autres critères de représentativité.

Un syndicat peut ne pas être représentatif au niveau national et interprofessionnel tout en étant représentatif dans une ou plusieurs branches professionnelles ou dans certaines entreprises.

■ *La section syndicale*

Dès lors qu'ils ont plusieurs adhérents dans l'entreprise, chaque syndicat qui y est représentatif ou qui est affilié à un syndicat représentatif au niveau national ou chaque syndicat qui satisfait aux critères de respect des valeurs républicaines et d'indépendance et est légalement constitué depuis au moins 2 ans dans l'entreprise ou dans son champ professionnel et géographique peut constituer une section syndicale qui assure la représentation des intérêts matériels et moraux de ses membres.

Moyens d'action
– La collecte des cotisations syndicales sur les lieux et pendant le temps de travail. – La distribution de tracts à l'entrée et à la sortie de l'entreprise. – L'affichage des communications syndicales sur des panneaux réservés à cet effet. – La mise à disposition par l'employeur d'un local à partir de 200 salariés. – La liberté de réunir ses adhérents 1 fois par mois dans l'entreprise en dehors des heures de travail. – Un temps pour préparer la négociation collective : 12 h (+ 500 salariés), 18 h (+ 1 000 salariés).

■ *Le délégué syndical*

<table>
<tr><td>Seuil d'effectif</td><td colspan="2">– Entreprise d'au moins 50 salariés où une organisation syndicale représentative a constitué une section syndicale.
– Entreprise de moins de 50 salariés, un membre de la délégation du personnel du CSE peut être désigné comme délégué syndical, sur son temps de délégation.</td></tr>
<tr><td>Durée du mandat</td><td colspan="2">Le mandat de délégué syndical prend fin dès lors que le syndicat qui l'a désigné n'est plus reconnu représentatif dans l'entreprise. Ce mandat est compatible avec celui de membre de la délégation du personnel au CSE.</td></tr>
<tr><td>Conditions de désignation</td><td colspan="2">– Être choisi parmi les candidats aux élections professionnelles qui ont recueilli au moins 10 % des suffrages exprimés au 1er tour des dernières élections au CSE, quel que soit le nombre de votants.
– Avoir 18 ans accomplis.
– Avoir 1 an d'ancienneté, en continu ou non.
– Ne pas avoir subi de condamnation le privant de ses droits civiques.</td></tr>
<tr><td rowspan="3">Nombre</td><td>Effectif de l'entreprise</td><td>Délégués syndicaux</td></tr>
<tr><td>– de 50 à 999 salariés
– de 1 000 à 1 999 salariés
– de 2 000 à 3 999 salariés
– de 4 000 à 9 999 salariés
– au moins 10 000 salariés</td><td>1
2
3
4
5</td></tr>
<tr><td colspan="2">Chaque syndicat représentatif peut désigner, dans certains cas, un délégué syndical central d'entreprise dans toute entreprise d'au moins 2 000 salariés ou un délégué syndical supplémentaire dans toute entreprise d'au moins 500 salariés.</td></tr>
<tr><td>Attributions</td><td colspan="2">– Diriger l'action syndicale dans l'entreprise.
– Représenter le syndicat dans toute négociation collective dans l'entreprise.
– Représenter et défendre les adhérents du syndicat auprès de l'employeur.
– Assister les membres de la délégation du personnel au CSE.</td></tr>
<tr><td>Moyens d'action</td><td colspan="2">– Crédit d'heures mensuel : 12 h (de 50 à 150 salarés), 18 h (de 151 à 499 salariés) et 24 h (au moins 500 salariés).
– Libre circulation dans et hors l'entreprise pendant ses heures de délégation.</td></tr>
</table>

Le représentant de la section syndicale : dans une entreprise d'au moins 50 salariés, chaque syndicat qui constitue une section syndicale peut, s'il n'est pas représentatif, désigner un représentant de la section pour le représenter. Il bénéficie des mêmes prérogatives que le délégué syndical à l'exception du pouvoir de négocier des accords collectifs. Il dispose d'un temps nécessaire à l'exercice de ses fonctions au moins égal à 4 heures par mois. Dans une entreprise de moins de 50 salariés, le syndicat peut désigner un membre de la délégation du personnel au CSE comme représentant de la section syndicale (sur son temps de délégation). Le mandat prend fin, à l'issue des premières élections professionnelles suivant sa désignation, dès lors que le syndicat n'est pas reconnu représentatif.

■ *Le congé de formation économique, sociale et syndicale*

Tout salarié, peut bénéficier, sans condition d'ancienneté, d'un congé rémunéré pour participer à des stages ou sessions de formation économique, sociale ou syndicale. La durée du congé est de 12 jours par an. Il est porté à 18 jours pour les animateurs des stages ou sessions et pour les responsables syndicaux. Le congé peut être fractionné (par demi-journée). L'employeur peut, sous certaines conditions, différer ce congé ou s'y opposer.

■ *La représentativité patronale*

La mesure de la représentativité des organisations professionnelles d'employeurs est effectuée, tous les 4 ans, d'après les mêmes critères que ceux applicables aux organisations syndicales de salariés à l'exception du critère des effectifs et des cotisations qui est pris en compte pour la mesure de l'audience. La première mesure de la représentativité patronale est intervenue en 2017.

La représentativité patronale au niveau de la branche professionnelle
– Disposer d'une implantation territoriale équilibrée au sein de cette branche. – Les entreprises adhérentes – à jour de leur cotisation – doivent représenter soit au moins 8 % de l'ensemble des entreprises adhérant à des organisations patronales de la branche, soit au moins 8 % du nombre de salariés de ces mêmes entreprises. – Satisfaire aux autres critères de représentativité.
La représentativité patronale au niveau national et interprofessionnel
– Être représentatives à la fois dans des branches de l'industrie, de la construction, du commerce et des services. – Les entreprises et les organisations adhérentes – à jour de leur cotisation – doivent représenter soit au moins 8 % de l'ensemble des entreprises adhérant à des organisations patronales, soit au moins 8 % du nombre de salariés de ces mêmes entreprises. – Satisfaire aux autres critères de représentativité. Au niveau national et interprofessionnel, 3 syndicats patronaux sont reconnus comme représentatifs : – MEDEF : Mouvement des entreprises de France ; – CPME : Confédération des petites et moyennes entreprises ; – U2P : Union des entreprises de proximité, regroupant les artisans et les professions libérales.

■ *La contribution au dialogue social*

Une contribution patronale permet de financer le fonds paritaire dédié au financement des organisations syndicales de salariés et des organisations professionnelles d'employeurs. Elle est due quel que soit l'effectif de l'entreprise, et quelle que soit son activité.

Le taux de la contribution est fixé à 0,016 % des rémunérations servant de base de calcul des cotisations de Sécurité sociale.

2 Le comité social et économique (CSE)

■ *Le seuil d'effectif*

Le comité social et économique (CSE) est mis en place dans les entreprises d'au moins 11 salariés. Sa mise en place n'est obligatoire que si ce seuil d'effectif est atteint pendant 12 mois consécutifs.

La mise en place du comité social et économique (CSE) s'effectue au niveau soit de l'entreprise, soit d'une unité économique et sociale regroupant plusieurs entreprises juridiquement distinctes.

Des CSE d'établissement et un CSE central sont constitués dans les entreprises comportant au moins 2 établissements distincts.

Un CSE interentreprises peut être mis en place lorsque la nature et l'importance de problèmes communs aux entreprises d'un même site ou d'une même zone le justifient.

■ *La détermination de l'effectif*

Salarié	Type de contrat
Pris en compte intégralement	– Le salarié sous CDI à temps plein. – Le travailleur à domicile.
Pris en compte partiellement	– Le salarié à temps partiel, quelle que soit la nature de son contrat de travail : au prorata du temps de travail. – Le salarié sous CDD ou intérimaire : au prorata du temps de présence.
Non pris en compte	– Le titulaire d'un contrat d'apprentissage, contrat de professionnalisation (CDD ou pendant la durée de l'action de professionnalisation si CDI), CAE, CIE (pendant la durée de la convention). – Le salarié sous CDD ou intérimaire remplaçant un salarié absent ou dont le contrat est suspendu. – Le salarié mis à disposition de l'entreprise par une entreprise extérieure en exécution d'un contrat de sous-traitance ou de prestations de services.

■ L'élection des membres de la délégation du personnel du CSE

La mise en place du CSE suppose l'organisation d'élections dont l'initiative incombe à l'employeur (en l'absence d'initiative de sa part, la demande peut venir d'un salarié de l'entreprise ou d'une organisation syndicale représentative). Les organisations syndicales représentatives sont invitées à négocier le protocole d'accord préélectoral.

Les membres, titulaires et suppléants, de la délégation du personnel au CSE sont élus sur des listes distinctes établies par les organisations syndicales pour chaque catégorie de personnel :

- d'une part, par ***le collège des ouvriers et employés*** ;
- d'autre part, par ***le collège des ingénieurs, chefs de service, techniciens, agents de maîtrise et assimilés***.

Si l'entreprise comporte au moins 25 cadres, il est organisé un 3e collège spécifique aux cadres.

Dans chaque collège électoral, les listes de titulaires et de suppléants devront être composées d'un nombre de femmes et d'hommes correspondant à la part de femmes et d'hommes inscrits sur la liste électorale et présenter alternativement un candidat de chaque sexe.

Salarié électeur	Salarié éligible
– 16 ans révolus. – Au moins 3 mois d'ancienneté. – Ne pas avoir subi de condamnation le privant de ses droits civiques.	– Être électeur. – 18 ans révolus (au jour du scrutin). – Au moins 1 an d'ancienneté, en continu ou non. – Ne pas être apparenté à l'employeur. – Ne pas avoir été déchu de ses fonctions syndicales.

Le mode de scrutin est le scrutin de liste à 2 tours avec représentation proportionnelle à la plus forte moyenne. Il est procédé à des votes séparés pour les membres titulaires et les membres suppléants dans chaque collège.

Au 1er tour de scrutin, chaque liste est établie par les organisations syndicales représentatives.

Si le nombre de votants est inférieur à la moitié des électeurs inscrits, il est procédé, dans un délai de 15 jours, à un second tour de scrutin pour lequel les électeurs peuvent voter pour des listes autres que celles présentées par une organisation syndicale.

Les litiges concernant les élections professionnelles sont de la compétence du tribunal judiciaire.

La composition du CSE et la durée du mandat de ses membres élus

Le CSE comprend :

- ***l'employeur*** ou son représentant qui en est le président, assisté éventuellement, dans les entreprises d'au moins 50 salariés, de 3 collaborateurs avec voix consultative ;
- ***une délégation du personnel comportant un nombre égal de titulaires et de suppléants élus***. ***Le suppléant assiste aux réunions en l'absence du titulaire***. Le nombre de membres de la délégation du personnel est fixé par décret compte tenu du nombre de salariés (de 1 titulaire à 35 titulaires au maximum pour les entreprises d'au moins 10 000 salariés). Ce nombre peut être modifié par accord collectif. Un secrétaire est choisi parmi les membres titulaires.

  La durée du mandat est de 4 ans. Par accord collectif, cette durée peut être comprise entre 2 et 4 ans. Sauf accord collectif et excepté pour les entreprises de moins de 50 salariés, ***le nombre de mandats successifs est limité à 3*** ;
- ***des représentants syndicaux (entreprises d'au moins 50 salariés)***, avec voix consultative. Dans l'entreprise de moins de 300 salariés, le délégué syndical est, de droit, représentant syndical au CSE.

Différentes personnes peuvent assister aux réunions du CSE, avec voix consultative, selon l'ordre du jour fixé : le responsable interne du service de sécurité et des conditions de travail, le médecin du travail, l'inspecteur du travail, l'agent des services de prévention des organismes de sécurité sociale.

Les attributions du CSE dans les entreprises de moins de 50 salariés

Les attributions de la délégation du personnel au CSE s'exercent au profit des salariés, y compris temporaires, et des stagiaires, ainsi que de toute personne placée à quelque titre que ce soit sous l'autorité de l'employeur.

La délégation du personnel au CSE a pour mission de présenter à l'employeur les réclamations individuelles et collectives relatives aux salaires, à l'application du Code du travail et des autres dispositions légales concernant notamment la protection sociale, ainsi que les conventions et accords applicables dans l'entreprise. Elle contribue à promouvoir la santé, la sécurité et les conditions de travail dans l'entreprise et réalise des enquêtes en matière d'accidents du travail ou de maladies professionnelles ou à caractère professionnel.

Les membres de la délégation du personnel au CSE dispose du droit d'alerte en cas d'atteinte aux droits des personnes (*cf.* chapitre 14). Ils peuvent saisir l'inspecteur du travail de toutes les plaintes et observations relatives à l'application des dispositions légales dont il est chargé d'assurer le contrôle.

Les salariés conservent le droit de présenter eux-mêmes leurs observations à l'employeur ou à ses représentants.

■ Les attributions du CSE dans les entreprises d'au moins 50 salariés

Le CSE a pour mission d'assurer une expression collective des salariés permettant la prise en compte permanente de leurs intérêts dans les décisions relatives à la gestion et à l'évolution économique et financière, à l'organisation du travail, à la formation professionnelle et aux techniques de production. Il exerce ses missions sans préjudice des dispositions relatives aux délégués syndicaux et à l'expression collective des salariés.

Le CSE est informé et consulté sur les questions intéressant l'organisation, la gestion et la marche générale de l'entreprise, notamment sur :

- les mesures de nature à affecter le volume ou la structure des effectifs ;
- la modification de son organisation économique ou juridique ;
- les conditions d'emploi, de travail, notamment la durée du travail, et la formation professionnelle ;
- l'introduction de nouvelles technologies, tout aménagement important modifiant les conditions de santé et de sécurité ou les conditions de travail ;
- les mesures prises en vue de faciliter l'accès ou le maintien au travail des accidentés du travail, des invalides et des travailleurs handicapés, notamment sur l'aménagement des postes de travail.

Dans le champ de la santé, de la sécurité et des conditions de travail, le CSE :

- procède à l'analyse des risques professionnels auxquels peuvent être exposés les salariés, ainsi que des effets de l'exposition aux facteurs de risques professionnels. À cet effet, il procède à des inspections et réalise des enquêtes en matière d'accidents du travail ou de maladies professionnelles ou à caractère professionnel ;
- contribue à faciliter l'accès des femmes et des handicapés à tous les emplois ;
- propose des actions de prévention du harcèlement moral ou sexuel et des agissements sexistes.

Le CSE formule, ou examine à la demande de l'employeur, toute proposition de nature à améliorer les conditions de travail, d'emploi et de formation professionnelle des salariés, leurs conditions de vie dans l'entreprise ainsi que les conditions dans lesquelles ils bénéficient de garanties collectives complémentaires.

Le CSE émet des avis et des vœux dans l'exercice de ses attributions consultatives. Il dispose à cette fin d'un délai d'examen suffisant. Les délais sont fixés par accord d'entreprise ou, en l'absence de délégué syndical, par un accord entre l'employeur et le CSE, adopté à la majorité des membres titulaires de la délégation du personnel du CSE. À défaut d'accord, les délais sont fixés par décret. À l'expiration de ces délais, le CSE est réputé avoir été consulté et avoir rendu un avis négatif. L'employeur rend compte de la suite donnée à ces avis et vœux.

Les consultations et les informations récurrentes du CSE sont :

Les règles d'ordre public
Le CSE est consulté sur : – les orientations stratégiques de l'entreprise ; – la situation économique et financière de l'entreprise ; – la politique sociale de l'entreprise, les conditions de travail et d'emploi. Une base de données économiques et sociales (BDES) rassemble l'ensemble des informations nécessaires aux consultations et informations récurrentes que l'employeur met à la disposition du CSE. Cette mise à disposition vaut communication des rapports et informations au CSE.
Le champ de la négociation collective
Un accord d'entreprise ou, en l'absence de délégué syndical, un accord entre l'employeur et le CSE, adopté à la majorité des membres titulaires de la délégation du personnel du CSE peut définir : – le contenu, la périodicité et les modalités de consultations récurrentes du CSE ainsi que la liste et le contenu des informations nécessaires à ces consultations. La périodicité ne peut être supérieur à 3 ans ; – le nombre de réunions annuelles du CSE qui ne peut être inférieur à 6 ; – les niveaux auxquels les consultations sont conduites et, le cas échéant, leur articulation ; – les délais dans lesquels les avis du CSE sont rendus. Il peut aussi prévoir la possibilité pour le CSE d'émettre un avis unique portant sur tout ou partie des thèmes de consultation. Un accord d'entreprise ou un accord entre l'employeur et le CSE peut définir l'organisation, l'architecture, le contenu de la base de données économiques et sociales (BDES) ainsi que ses modalités de fonctionnement, son support, ses modalités de consultation et d'utilisation par les membres du CSE et les délégués syndicaux. La BDES comporte au moins les thèmes suivants : les investissements (social, matériel et immatériel), l'égalité professionnelle entre les femmes et les hommes au sein de l'entreprise, les fonds propres, l'endettement, l'ensemble des éléments de la rémunération des salariés et dirigeants, les activités sociales et culturelles, la rémunération des financeurs, les flux financiers à destination de l'entreprise. Elle peut aussi contenir les informations nécessaires aux négociations obligatoires et aux consultations ponctuelles du CSE.
Les dispositions supplétives
En l'absence d'accord, le CSE est consulté chaque année sur : – ***les orientations stratégiques de l'entreprise*** : l'emploi, l'organisation du travail, le recours aux CDD, CTT, la gestion prévisionnelle des emplois et des compétences, les orientations de la formation professionnelle ; – ***la situation économique et financière de l'entreprise*** ainsi que sur sa politique de recherche et de développement technologique ; – ***la politique sociale de l'entreprise, les conditions de travail et d'emploi*** : l'évolution de l'emploi, la formation, l'égalité femmes-hommes, le temps de travail, la santé et la sécurité, le bilan social (entreprises d'au moins 300 salariés)… En l'absence d'accord, la base de données économiques et sociales (BDES) porte sur les thèmes suivants : – les investissements : investissement social, investissements matériel et immatériel et, pour l'entreprise tenue de présenter un rapport sur la responsabilité sociale et environnementale à leurs actionnaires, les informations en matière environnementale présentées dans ce rapport ; – l'égalité professionnelle entre les femmes et les hommes au sein de l'entreprise ;

– les fonds propres et l'endettement ; – la rémunération des salariés et dirigeants, dans l'ensemble de leurs éléments ; – les activités sociales et culturelles : contribution aux activités sociales et culturelles du CSE, mécénat ; – la rémunération des financeurs ; – les flux financiers à destination de l'entreprise, notamment les aides publiques et les crédits d'impôts ; – le partenariat (pour produire pour une autre entreprise ou pour bénéficier de l'activité d'une autre entreprise) ; – les transferts commerciaux et financiers entre les entités du groupe, le cas échéant. Ces informations portent sur les 2 années précédentes et l'année en cours et intègrent des perspectives sur les 3 années suivantes.

Les consultations et les informations ponctuelles du CSE sont :

Les règles d'ordre public
Outre les thèmes relevant des attributions générales, le CSE est consulter sur : – la mise en œuvre des moyens de contrôle de l'activité des salariés ainsi que sur les méthodes ou techniques d'aide au recrutement ; – la restructuration et la compression des effectifs ; – le licenciement collectif pour motif économique ; – l'offre publique d'acquisition, l'employeur de l'entreprise sur laquelle porte l'OPA et l'employeur auteur de l'OPA réunissent immédiatement leur CSE pour les en informer ; – les procédures de sauvegarde, de redressement et de liquidation judiciaire. Lorsqu'une entreprise est partie à une opération de concentration, l'employeur réunit le CSE pour l'en informer.
Le champ de la négociation collective
Un accord d'entreprise ou, en l'absence de délégué syndical, un accord entre l'employeur et le CSE, adopté à la majorité des membres titulaires de la délégation du personnel du CSE peut définir : – le contenu des consultations et informations ponctuelles du CSE ; – les modalités de ces consultations ponctuelles, notamment le nombre de réunions ; – les délais dans lesquels les avis du CSE sont rendus.
Les dispositions supplétives
À défaut d'accord, un mois après chaque élection du CSE, l'employeur lui communique une documentation économique et financière précisant : – la forme juridique de l'entreprise et son organisation ; – les perspectives économiques de l'entreprise telles qu'elles peuvent être envisagées ; – le cas échéant, la position de l'entreprise au sein du groupe ; – compte tenu des informations dont dispose l'employeur, la répartition du capital entre les actionnaires détenant plus de 10 % du capital et la position de l'entreprise dans la branche d'activité à laquelle elle appartient. À défaut d'accord, lorsque le projet de restructuration et de compression des effectifs soumis au CSE est de nature à affecter le volume d'activité ou d'emploi d'une entreprise sous-traitante, l'entreprise donneuse d'ordre en informe immédiatement l'entreprise sous-traitante. Le CSE de cette dernière en est immédiatement informé et reçoit toute explication utile sur l'évolution probable de l'activité et de l'emploi.

Le CSE dispose d'un droit d'alerte :

- ***le droit d'alerte en cas d'atteinte aux droits des personnes*** (*cf.* chapitre 14) ;
- ***le droit d'alerte en cas de danger grave et imminent*** (*cf.* chapitre 14) ;
- ***le droit d'alerte en cas d'utilisation non conforme du crédit d'impôt pour la compétitivité et l'emploi*** ;
- ***le droit d'alerte économique*** : lorsque le CSE a connaissance de faits de nature à affecter de manière préoccupante la situation économique de l'entreprise, il peut demander à l'employeur de lui fournir des explications. Si le CSE n'a pu obtenir de réponse suffisante de l'employeur ou si celle-ci confirme le caractère préoccupant de la situation, il établit un rapport (possibilité de recourir à un expert-comptable et de convoquer le commissaire aux comptes) qui est transmis à l'employeur et au commissaire aux comptes et peut saisir le conseil d'administration ou de surveillance ;
- ***le droit d'alerte sociale*** (*cf.* chapitre 8).

Dans les sociétés, 2 membres de la délégation du personnel du CSE (porté à 4 s'il existe 3 collèges électoraux) assistent avec voix consultative à toutes les séances du conseil d'administration ou de surveillance. Ils peuvent lui soumettre les vœux du CSE et obtenir un avis motivé sur ces vœux.

Le CSE assure, contrôle ou participe à la gestion de toutes les activités sociales et culturelles établies dans l'entreprise prioritairement au bénéfice des salariés, de leur famille et des stagiaires.

■ *Le fonctionnement du CSE*

a) Les dispositions communes

Les membres du CSE sont tenus à l'obligation de discrétion et au secret professionnel pour toute information donnée par l'employeur et jugée par lui comme confidentielle.

L'employeur laisse le temps nécessaire à l'exercice de leurs fonctions à chacun des membres titulaires de la délégation du personnel au CSE et aux représentants syndicaux au CSE.

Le nombre d'heures de délégation, fixé par décret en fonction à la fois des effectifs de l'entreprise et du nombre de membres de la délégation, ***ne peut être inférieur à 10 heures par mois dans les entreprises de moins de 50 salariés et à 16 heures dans les autres entreprises***. Le décret a fixé le nombre d'heures de délégation à 10 heures par mois minimum pour les entreprises de moins de 49 salariés pour l'augmenter progressivement jusqu'à 34 heures pour les entreprises de plus de 9 750 salariés. Ce nombre peut être modifié par accord collectif. Les membres titulaires de la délégation du personnel du CSE peuvent, chaque mois, répartir entre eux et avec les membres suppléants le crédit d'heures de délégation dont ils disposent.

Le temps passé en délégation est considéré comme temps de travail de même que le temps passé :

- aux réunions avec l'employeur ;
- aux réunions internes du CSE et de ses commissions dans la limite d'une durée annuelle globale fixée par accord d'entreprise ou, à défaut, par décret (30 heures pour au moins 300 salariés et 60 heures pour au moins 1 000 salariés) ;
- à la recherche de mesures préventives dans toute situation d'urgence et de gravité, notamment lors de la mise en œuvre de la procédure de danger grave et imminent ;
- aux enquêtes menées après un accident du travail grave ou des incidents répétés ayant révélé un risque grave ou une maladie professionnelle ou à caractère professionnel grave.

Ce temps n'est pas déduit des heures de délégation prévues pour les membres titulaires de la délégation du personnel du CSE.

Le temps passé aux réunions du CSE par les représentants syndicaux est rémunéré comme du temps de travail. Il n'est pas déduit des heures de délégation dans les entreprises d'au moins 501 salariés.

Le recours à la visioconférence pour les réunions du CSE est possible par accord entre l'employeur et les membres élus du CSE. En l'absence d'accord, ce recours est limité à 3 réunions par année civile.

Les membres élus de la délégation du personnel du CSE et les représentants syndicaux au CSE peuvent, durant les heures de délégation, se déplacer hors de l'entreprise. Ils peuvent, tant durant les heures de délégation qu'en dehors de leurs heures habituelles de travail circuler librement dans l'entreprise et y prendre tous contacts nécessaires à l'accomplissement de leur mission.

Les membres de la délégation du personnel du CSE peuvent faire afficher les renseignements qu'ils ont pour rôle de porter à la connaissance du personnel sur des emplacements obligatoires prévus et destinés aux communications syndicales, ainsi qu'aux portes d'entrée des lieux de travail.

Le temps consacré aux formations des membres de la délégation du personnel du CSE est pris sur le temps de travail et est rémunéré comme tel. Il n'est pas déduit des heures de délégation.

Les membres de la délégation du personnel du CSE et le référent en matière de lutte contre le harcèlement sexuel désigné par lui (*cf.* chapitre 14) bénéficient de la formation nécessaire à l'exercice de leurs missions en matière de santé, de sécurité et de conditions de travail. Le financement de ces formations est pris en charge par l'employeur.

b) Les dispositions particulières aux entreprises de moins de 50 salariés

Les membres de la délégation du personnel du CSE exercent individuellement les droits qui sont reconnus au CSE. L'employeur leur met à disposition un local pour leur permettre d'accomplir leur mission et, notamment de se réunir.

Les membres de la délégation du personnel du CSE sont reçus collectivement par l'employeur ou son représentant au moins une fois par mois. En cas d'urgence, ils sont reçus sur leur demande. Ils sont également reçus par l'employeur, sur leur demande, soit individuellement, soit par catégorie, soit par atelier, service ou spécialité professionnelle selon les questions à traiter. L'employeur peut se faire assister par des collaborateurs. Ensemble, ils ne peuvent être en nombre supérieur à celui des membres titulaires de la délégation du personnel du CSE.

Ils remettent à l'employeur une note écrite exposant l'objet des demandes présentées, 2 jours ouvrables avant la réunion. L'employeur répond par écrit à ces demandes, au plus tard dans les 6 jours ouvrables suivant la réunion. Les demandes et les réponses motivées sont transcrites ou annexées sur un registre spécial. Ce registre est tenu à la disposition du personnel pendant un jour ouvrable par quinzaine et en dehors de leur temps de travail.

c) Les dispositions particulières aux entreprises d'au moins 50 salariés

L'employeur met à disposition du CSE un local aménagé et le matériel nécessaire à l'exercice de ses fonctions. Le CSE peut y organiser, en dehors du temps de travail, des réunions d'information.

Le CSE se réunit :

Les règles d'ordre public
Au moins 4 réunions du CSE portent annuellement en tout ou partie sur les attributions du CSE en matière de santé, sécurité et conditions de travail, plus fréquemment en cas de besoin, notamment dans les branches d'activité présentant des risques particuliers. Le CSE est en outre réuni à la suite de tout accident ayant entraîné ou ayant pu entraîner des conséquences graves, ainsi qu'en cas d'événement grave ayant porté atteinte ou ayant pu porter atteinte à la santé publique ou à l'environnement et à la demande motivée de 2 des membres de la délégation du personnel sur les sujets relevant de la santé, de la sécurité ou des conditions de travail. L'employeur informe annuellement l'inspecteur du travail, le médecin du travail et l'agent des services de prévention des organismes de sécurité sociale du calendrier retenu pour ces 4 réunions et leur confirme par écrit au moins 15 jours à l'avance la tenue de ces réunions.
Les dispositions supplétives
À défaut de l'accord concernant les consultations récurrentes (*cf.* p. 140), le CSE se réunit : – au moins une fois par mois dans les entreprises d'au moins 300 salariés ; – au moins une fois tous les 2 mois dans les entreprises de moins de 300 salariés. Le CSE peut tenir une seconde réunion à la demande de la majorité de ses membres.

L'ordre du jour de chaque réunion du CSE est établi par le président et le secrétaire. Il est communiqué par le président aux membres du CSE 3 jours avant la réunion.

Les résolutions du CSE sont prises à la majorité des membres présents. L'employeur ne participe pas au vote lorsqu'il consulte le CSE en tant que délégation du personnel.

Un procès-verbal est établi, par le secrétaire, à l'issue de chaque réunion et affiché ou diffusé auprès du personnel.

Les membres titulaires du CSE élus pour la première fois bénéficient d'un stage de formation économique d'une durée maximale de 5 jours. Son financement est pris en charge par le CSE.

Le CSE organise des commissions chargées de préparer ses délibérations :

- ***la commission santé, sécurité et conditions de travail dans les entreprises d'au moins 300 salariés*** (*cf.* chapitre 14) ;
- ***la commission économique dans les entreprises d'au moins 1 000 salariés*** chargée notamment d'étudier les documents économiques et financiers recueillis par le CSE et toute question que ce dernier lui soumet. Elle se réunit au moins 2 fois l'an ;
- ***la commission d'information et d'aide au logement des salariés dans les entreprises d'au moins 300 salariés*** ;
- ***la commission de l'égalité professionnelle dans les entreprises d'au moins 300 salariés*** ;
- ***la commission des marchés chargée de choisir les fournisseurs et les prestataires du CSE***. Elle est obligatoire si le CSE dépasse les seuils fixés par décret pour au moins 2 des 3 critères suivants : le nombre de salariés du CSE, les ressources annuelles et le total du bilan du CSE.

Le CSE peut recourir à des experts, notamment dans le cadre des consultations récurrentes ou ponctuelles, lorsqu'un risque grave est constaté dans l'entreprise, en cas de projet modifiant les conditions de santé et de sécurité ou les conditions de travail, en cas d'introduction de nouvelles technologies… Selon les cas, les frais d'expertises sont à la charge intégrale de l'employeur ou pour 20 % à la charge du CSE sur son budget.

L'employeur verse au CSE :

- ***une subvention de fonctionnement*** d'un montant annuel équivalent à :
  - 0,20 % de la masse salariale dans les entreprises de 50 à 2 000 salariés,
  - 0,22 % de la masse salariale dans les entreprises de plus de 2 000 salariés ;
- ***une subvention destinée aux activités sociales et culturelles*** fixée par accord d'entreprise. À défaut, elle ne peut être inférieure au total le plus élevé des sommes affectées aux dépenses sociales de l'entreprise atteint au cours des 3 dernières années précédant la prise en charge des activités sociales et culturelles par le CSE.

Le CSE peut décider de transférer tout ou partie de l'excédent annuel du budget de fonctionnement au financement des activités sociales et culturelles. Il peut aussi décider de transférer tout ou partie de l'excédent annuel du budget destiné au financement des activités sociales et culturelles au budget de fonctionnement ou à des associations.

Les structures en cas de pluralité d'établissements

Dans le cas d'un groupe formé par une société dominante et les filiales de celle-ci, il est constitué un ***comité de groupe***. Ce comité reçoit des informations sur la situation économique et financière concernant le groupe et ses filiales. Il est composé de l'employeur de la société dominante et des représentants du personnel désignés par les organisations syndicales parmi leurs élus dans les CSE des entreprises liées au groupe (maximum 30 élus).

Dans le cas où plusieurs entreprises envisagent de créer des institutions sociales communes, elles doivent constituer un ***comité interentreprises***. Il est présidé par un des employeurs désignés par eux et assisté de un ou de deux suppléants. Les représentants des salariés sont désignés par les différents CSE à raison de 2 par CSE sans que le nombre total des représentants excède 12.

Les entreprises ou groupes de plus de 1 000 salariés disposant d'au moins 2 implantations de 150 salariés et plus dans au moins 2 États membres de l'Union européenne mettent en place un ***comité d'entreprise européen*** (ou une procédure d'information ou de consultation) permettant l'information et la consultation des salariés concernés.

Les représentants de proximité

Un accord d'entreprise peut mettre en place des représentants de proximité. L'accord définit leur nombre, leurs attributions, notamment en matière de santé, de sécurité et de conditions de travail, les modalités de leur désignation et de fonctionnement, notamment le nombre d'heures de délégation dont ils bénéficient pour l'exercice de leurs attributions. Les représentants de proximité sont membres du CSE ou désignés par lui pour une durée qui prend fin avec celle du mandat des membres élus du CSE.

Le conseil d'entreprise

Le conseil d'entreprise exerce l'ensemble des attributions du CSE et est seul compétent pour négocier, conclure et réviser les conventions et accords d'entreprise à l'exception du protocole d'accord préélectoral, de l'accord modifiant le nombre et la composition des collèges électoraux et de l'accord dérogeant au principe que l'élection a lieu pendant le temps de travail.

Le conseil d'entreprise est institué par accord d'entreprise majoritaire à durée indéterminée. Il peut également être constitué par accord de branche étendu pour les entreprises dépourvues de délégué syndical.

L'accord :

- fixe la liste des thèmes tels que l'égalité professionnelle, soumis à l'avis conforme du conseil d'entreprise. La formation constitue un thème obligatoire ;

– fixe le nombre d'heures de délégation dont bénéficient en plus les élus du conseil d'entreprise participant aux négociations. Cette durée ne peut être inférieure à un nombre d'heures par mois fixé par décret (12 heures pour les entreprises jusqu'à 149 salariés, 18 heures pour les entreprises de 150 à 499 salariés et 24 heures pour les entreprises d'au moins 500 salariés). Le temps passé à la négociation est de plein droit considéré comme temps de travail ;
– peut fixer la composition de la délégation qui négocie les conventions et accords d'entreprise ;
– peut fixer la périodicité de tout ou partie des thèmes de négociation du conseil d'entreprise.

La validité d'une convention ou d'un accord d'entreprise conclu par le conseil d'entreprise est subordonnée à sa signature par la majorité des membres titulaires élus du conseil d'entreprise ou par un ou plusieurs membres titulaires ayant receuilli plus de 50 % des suffrages exprimés lors des dernières élections professionnelles.

3 La protection des représentants du personnel

Un accord collectif détermine les mesures à mettre en œuvre pour concilier la vie personnelle, la vie professionnelle et les fonctions syndicales et électives, en veillant à favoriser l'égal accès des femmes et des hommes. Il prend en compte l'expérience acquise, dans le cadre de l'exercice des mandats, par les représentants du personnel dans leur évolution professionnelle.

Les membres titulaires de la délégation du personnel du CSE et les délégués syndicaux bénéficient :

– ***à leur demande, d'un entretien individuel avec l'employeur portant sur les modalités pratiques d'exercice de leur mandat*** au sein de l'entreprise au regard de leur emploi ;
– ***d'un entretien professionnel réalisé au terme de leur mandat permettant de procéder au recensement des compétences acquises*** au cours de celui-ci et de voir comment ***les valoriser***. Il concerne tous les titulaires de mandat dans les entreprises d'au moins 2 000 salariés et seulement les titulaires de mandat disposant d'heures de délégation représentant au moins 30 % de leur temps de travail dans les entreprises de moins de 2 000 salariés ;
– ***d'une garantie de non-discrimination salariale leur permettant de bénéficier d'une évolution de leur rémunération*** au moins égale à l'évolution moyenne des rémunérations des salariés de leur catégorie professionnelle et d'ancienneté comparable, à défaut de tels salaires, à l'évolution moyenne des rémunérations dans l'entreprise.

Les représentants du personnel (titulaires ou suppléants) bénéficient d'une protection particulière contre le licenciement avant, pendant et après l'exercice de leurs mandats. Cette protection concerne aussi les salariés candidats non élus aux élections.

Le dispositif protecteur dont bénéficie un salarié protégé se caractérise par :

- la ***consultation spéciale du CSE pour avis*** (sauf pour un délégué syndical) : selon la procédure dont il relève, elle a lieu après l'entretien préalable ou à l'occasion de la dernière réunion du CSE ;
- la ***demande d'autorisation préalable du licenciement à l'inspecteur du travail*** : l'employeur adresse, dans les 15 jours suivant la réunion du CSE, une demande motivée à l'inspecteur du travail qui dispose d'un délai de 15 jours pour motiver sa décision. Celle-ci peut faire l'objet d'un recours.

Le dispositif protecteur se cumule avec la procédure dont relève le licenciement.

4 La représentation des salariés et employeurs des TPE

Les commissions paritaires règionales interprofessionnelles (CPRI) ont vocation à représenter les salariés et les employeurs des Très Petites Entreprises (TPE, moins de 11 salariés).

La commission paritaire règionale interprofessionnelle (CPRI) est composée de 10 employeurs et de 10 salariés désignés pour 4 ans, mandat renouvelable, par les organisations d'employeurs et de salariés en fonction de leur représentativité et en respectant la parité entre les femmes et les hommes.

Les compétences et attributions de la CPRI sont les suivantes :

- donner aux salariés et employeurs les renseignements et conseils utiles sur les dispositions légales et conventionnelles qui leur sont applicables ;
- fournir des informations, débattre et rendre un avis sur les questions spécifiques posées aux TPE et à leurs salariés (emploi, formation, santé au travail, conditions de travail…) ;
- faciliter la résolution de conflits, individuels et collectifs, survenus et n'ayant donné lieu à aucune saisine de juridiction ;
- faire des propositions en matière d'activités sociales et culturelles.

Les membres de la CPRI ont accès aux entreprises, sur autorisation de l'employeur.

Les salariés membres de la CPRI disposent d'un crédit d'heures de 5 heures par mois pour l'exercice de leur mission, hors temps de trajet. Ce crédit d'heures peut être utilisé cumulativement, sans pouvoir dépasser 7 heures 30 par mois.

Le conseil de prud'hommes (les conflits individuels)

Chapitre 16

Le conseil de prud'hommes est compétent pour régler par voie de conciliation ou par voie de jugement tous les conflits individuels nés à l'occasion du contrat de travail entre employeurs et salariés.

1 L'organisation du conseil de prud'hommes

Le conseil de prud'hommes est une juridiction paritaire. Il est composé, ainsi que ces différentes formations, d'un nombre égal de conseillers salariés et de conseillers employeurs.

Un conseil de prud'hommes, au moins, est créé dans le ressort de chaque tribunal judiciaire. Chaque conseil de prud'hommes est divisé en 5 sections autonomes et comporte une formation commune de référé.

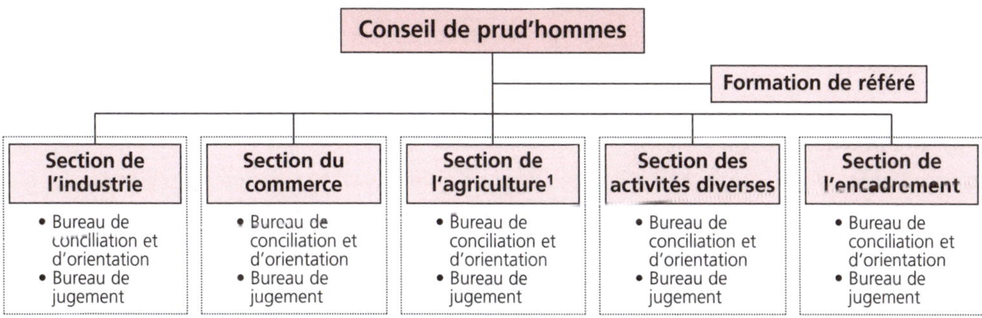

1. Une section de l'agriculture dans le ressort de chaque tribunal judiciaire, même si plusieurs conseils ont été créés.

Une section peut être divisée en plusieurs chambres.

Chaque section ou chaque chambre comporte au moins :

- ***un bureau de conciliation et d'orientation*** : 1 conseiller salarié et 1 conseiller employeur ;
- ***un bureau de jugement*** : 2 conseillers salariés et 2 conseillers employeurs. ***Dans sa composition restreinte***, il se compose d'un conseiller salarié et d'un conseiller employeur ;
- ***une formation de référé*** : un conseiller salarié et un conseiller employeur.

La présidence et la vice-présidence du conseil sont assurées alternativement par un conseiller salarié et un conseiller employeur. Il est procédé de la même façon à tous les niveaux.

2 La désignation des conseillers prud'hommes

Les conseillers prud'hommes sont nommés conjointement par le ministre de la Justice et par le ministre du Travail tous les 4 ans par conseil de prud'hommes, collège et section, sur proposition des organisations syndicales et professionnelles. Ils sont nommés durant l'année suivant chaque cycle de mesure de l'audience syndicale et patronale (*cf.* chapitre 15), soit pour le mandat prud'homal 2018-2021.

La répartition des sièges de conseillers entre organisations est définie par arrêté conjoint du ministre de la Justice et du ministre du Travail en fonction de leur audience syndicale ou professionnelle au niveau départemental. Les sièges sont attribués à la représentation proportionnelle à la plus forte moyenne.

Les organisations ayant obtenu des sièges présentent des listes de candidats par conseil, collège et section. Les listes de candidats sont composées alternativement d'un candidat de chaque sexe.

Le candidat à la fonction prud'homale doit remplir les conditions suivantes :

- ***être salarié(e), employeur, à la recherche d'un emploi ou avoir cessé toute activité professionnelle*** ;
- ***être de nationalité française*** ;
- ***être âgé(e) de 21 ans au moins*** ;
- ***n'être l'objet d'aucune interdiction, déchéance ou incapacité relative à ses droits civiques*** ;
- ***justifier de l'exercice, pendant une durée totale cumulée de 2 ans sur une période de référence de 10 ans, d'une activité professionnelle***, quelle(s) que soi(en)t la ou les activité(s) concernée(s) ou d'un mandat de conseiller prud'homme ;
- ***n'avoir aucune condamnation au casier judiciaire incompatible avec l'exercice des fonctions prud'homales*** ;

– être candidat(e) sur une seule liste, dans un seul collège et une seule section dans le conseil de prud'hommes dont il ou elle relève.

3 Le statut des conseillers prud'hommes salariés

Le conseiller prud'homme exerce ses fonctions en toute indépendance, impartialité et probité. Il est tenu au secret des délibérations. L'employeur doit laisser au salarié, conseiller prud'homme, le temps nécessaire pour se rendre et participer aux missions liées à son mandat. Les absences sont assimilées à un temps de travail effectif. Elles sont rémunérées, l'État remboursant l'employeur.

Le conseiller prud'homme suit ***une formation initiale obligatoire*** de 5 jours par mandat et ***une formation continue*** de 6 semaines par mandat. Ces absences sont rémunérées par l'employeur. Elles sont admises au titre de la participation au financement de la formation professionnelle.

Le conseiller prud'homme bénéficie de la même protection contre le licenciement que celle accordée aux délégués syndicaux.

4 Le défenseur syndical

Le défenseur syndical exerce des fonctions d'assistance ou de représentation devant les conseils de prud'hommes et les cours d'appel en matière prud'homale. Il est tenu au secret professionnel. Il est inscrit sur une liste arrêtée par l'autorité administrative sur proposition des organisations d'employeurs et de salariés représentatives.

Dans les entreprises d'au moins 11 salariés, le défenseur syndical dispose du temps nécessaire à l'exercice de ses fonctions, dans la limite de 10 heures par mois. Ces heures, assimilées à un temps de travail effectif, sont rémunérées par l'employeur qui est remboursé par l'État.

Il bénéficie de la même protection contre le licenciement que le conseiller prud'homme salarié.

5 La compétence du conseil de prud'hommes

Le conseil de prud'hommes règle par voie de conciliation les différends qui peuvent s'élever à l'occasion de tout contrat de travail soumis aux dispositions du Code du travail entre les employeurs, ou leurs représentants, ***et les salariés qu'ils emploient***. Il règle aussi les litiges nés entre salariés à l'occasion du travail. ***Il juge les litiges lorsque la conciliation n'a pas abouti***.

Le conseil de prud'homme territorialement compétent est celui du lieu de l'établissement où le travail est effectué ou celui du domicile du salarié si le travail est effectué en dehors d'un établissement. Le salarié a la possibilité de saisir le conseil de prud'hommes du lieu où l'embauche s'est effectuée ou celui du lieu où l'employeur est établi.

6 La procédure prud'homale

Les 3 étapes de la procédure devant le conseil de prud'hommes sont les suivantes :

- ***la saisine du conseil de prud'hommes*** : il est saisi par une demande formée au greffe ou adressée par lettre recommandée avec AR. Si la demande est recevable, le greffe informe les parties de la date de conciliation.

  Le délai de contestation de la rupture du contrat de travail est de 12 mois suivant la notification de la rupture ;
- ***la conciliation, l'orientation et la mise en état de l'affaire*** : le bureau de conciliation et d'orientation est chargé de concilier les parties (séance non publique). Dans le cadre de cette mission, il peut entendre chacune des parties séparément et dans la confidentialité.

  Chaque partie peut, si elle le souhaite, être assistée ou, en cas d'absence, être représentée par une personne habilitée (salarié de la même entreprise ou de la même branche d'activité, défenseur syndical, conjoint, avocat ou représentant légal si mineur).

  Si, sauf motif légitime, une partie ne comparaît pas, personnellement ou représentée, le bureau de conciliation et d'orientation peut juger l'affaire, en l'état des pièces et moyens que la partie comparante a contradictoirement communiqués. Dans ce cas, le bureau de conciliation et d'orientation statue en tant que bureau de jugement dans sa composition restreinte.

  En cas d'échec de la conciliation, le bureau de conciliation et d'orientation peut :

  - si le litige porte sur un licenciement ou une demande de résiliation judiciaire du contrat de travail, renvoyer les parties, avec leur accord, devant le bureau de jugement dans sa composition restreinte. Le bureau de jugement doit statuer dans un délai de 3 mois,
  - si les parties le demandent ou si la nature du litige le justifie, renvoyer les parties devant le bureau de jugement présidé par un juge du tribunal judiciaire : le juge départiteur.

  À défaut, l'affaire est renvoyée devant le bureau de jugement.

  En cas de partage devant le bureau de conciliation et d'orientation, ce dernier renvoie l'affaire devant le bureau de jugement présidé par un juge du tribunal judiciaire ;
- ***le jugement*** : les séances du bureau de jugement, en formation restreinte ou non, sont publiques. Les parties peuvent se faire représenter.

Les décisions du bureau de jugement sont prises à la majorité absolue des voix. En cas de partage de voix, l'affaire est renvoyée devant le même bureau de jugement, présidé par un juge du tribunal judiciaire : ***le juge départiteur***. L'affaire est reprise dans le délai d'un mois.

Si la demande est inférieure à 4 000 €, le bureau de jugement juge en dernier ressort ; au-delà, il juge en premier ressort. Le délai d'appel est de 1 mois. Il est suspensif à l'égard du jugement. Le délai du pourvoi en cassation est de 2 mois. Il n'est pas suspensif.

Un ou deux conseillers rapporteurs peuvent être désignés par le bureau de conciliation et d'orientation ou par le bureau de jugement afin de mettre l'affaire en état d'être jugée.

La formation de référé peut, dans tous les cas d'urgence, ***ordonner toutes les mesures provisoires qui ne se heurtent à aucune contestation sérieuse ou que justifie l'existence d'un différend***. En cas de partage de voix, l'affaire est renvoyée devant la même formation de référé, présidée par un juge du tribunal judiciaire : ***le juge départiteur***. L'affaire est reprise dans le délai d'un mois.

Une procédure spécifique, mais de caractère non obligatoire, est mise en place concernant le contentieux du licenciement, pour motif personnel ou économique, à l'exclusion des contestations portant sur le contenu d'un PSE ou sur la régularité de la procédure des licenciements collectifs pour motif économique, qui relèvent de la compétence soit du juge administratif, soit du tribunal judiciaire (*cf.* p. 86). Toute action portant sur la rupture du contrat de travail se prescrit par 12 mois à compter de la notification de la rupture.

La procédure concernant le contentieux du licenciement est la suivante :

– ***la phase de conciliation*** : lors de la conciliation, l'employeur et le salarié peuvent convenir ou le bureau de conciliation et d'orientation proposer de mettre un terme par accord au litige qui les oppose. Cet accord prévoit le versement par l'employeur au salarié d'une ***indemnité forfaitaire*** dont le montant, exprimé en mois de salaire, est déterminé ***en fonction de l'ancienneté du salarié*** : ***de 2 mois pour un salarié ayant moins d'un an d'ancienneté à 24 mois de salaire à partir de 30 ans d'ancienneté***.

  L'indemnité fortaitaire est versée sans préjudice des indemnités légales, conventionnelles ou contractuelles dues au salarié. Le procès-verbal constatant l'accord vaut renonciation des parties à toutes réclamations relatives à la rupture du contrat ;

– ***la phase de jugement*** : à défaut d'accord, le juge, à qui il appartient d'apprécier la régularité de la procédure suivie et le caractère réel et sérieux des motifs invoqués par l'employeur, forme sa conviction au vu des éléments fournis par les parties après avoir ordonné, au besoin, toutes mesures d'instruction qu'il estime utiles. Il justifie dans le jugement qu'il prononce le montant des indemnités qu'il octroie. Si un doute subsiste, il profite au salarié.

Si le licenciement d'un salarié survient pour une cause qui n'est pas réelle et sérieuse, le juge peut proposer la réintégration du salarié dans l'entreprise, avec maintien de ses avantages acquis. Si l'une ou l'autre des parties refuse cette réintégration, le juge octroie au salarié une indemnité à la charge de l'employeur, dont le montant, exprimé en mois de salaire brut, est compris entre des montants minimaux et maximaux fixés dans le barème progressif suivant :

Ancienneté du salarié dans l'entreprise (en années complètes)	**Indemnité minimale (en mois de salaire brut)**	**Indemnité maximale (en mois de salaire brut)**
0	Sans objet	1
1	1	2
2	3	3,5
...	...	...
5	3	6
...	...	...
10	3	10
...		...
15	3	13
...		...
20	3	15,5
...	...	
25	3	18
...	...	...
29	3	30
30 et au-delà	3	30

Si le licenciement est intervenu dans une entreprise de moins de 11 salariés, les montants minimaux sont de 0,5 mois pour 1 an d'ancienneté à 2,5 mois pour 10 ans d'ancienneté.

Ce barème n'est pas applicable lorsque le juge constate que le licenciement est entaché d'une des nullités afférentes à la violation d'une liberté fondamentale, à des faits de harcèlement moral ou sexuel, à un licenciement discriminatoire ou consécutif à une action en justice, en matière d'égalité professionnelle entre femmes et hommes et en cas de dénonciation de crimes et délits, ou à l'exercice d'un mandat par un salarié.

Dans ce cas, lorsque le salarié ne demande pas sa réintégration ou que sa réintégration est impossible, le juge lui octroie une indemnité, à la charge de l'employeur, qui ne peut être inférieure aux salaires des 6 derniers mois.

Chapitre 17

Les conflits collectifs

Un conflit collectif existe lorsque des salariés exercent une action concertée à l'encontre de leur employeur pour la satisfaction de revendications d'ordre professionnel. Pour résoudre un conflit collectif, la loi et les conventions collectives ont mis en place différentes procédures facultatives de concertation.

1 La grève

La grève est un ***arrêt de travail collectif et concerté du personnel pour obtenir la satisfaction de revendications d'ordre professionnel***.

Le droit de grève est ***un droit constitutionnel***. Cependant, certaines formes de grèves sont jugées par les tribunaux comme illicites.

Une grève licite se caractérise par :

- ***une cessation totale du travail*** : la durée de l'arrêt n'est pas réglementée ;
- ***un arrêt collectif du travail*** : il peut concerner tout le personnel ou une partie seulement ;
- ***un arrêt concerté du travail*** : il suppose une volonté commune du personnel concerné ;
- ***l'existence de revendications d'ordre professionnel*** : les revendications doivent concerner les conditions de travail, de rémunération, d'emploi...

L'arrêt de travail d'un seul salarié, au sein d'une entreprise, n'est pas une grève sauf :

- si le salarié agit à l'occasion d'une grève nationale ;
- ou si le salarié est le seul salarié de l'entreprise et qu'il exerce son droit de grève afin de défendre ses revendications professionnelles.

Les modalités de l'exercice du droit de grève sont :

- ***dans le secteur privé*** : la grève peut être déclenchée à tout moment. Selon la jurisprudence, la grève doit être motivée par des revendications professionnelles préalablement présentées à l'employeur mais les salariés ne sont pas tenus d'attendre son refus de les satisfaire pour la déclencher ;
- ***dans le secteur public*** : la loi réglemente le droit de grève :
  - le respect d'un préavis de 5 jours francs émanant d'un syndicat pendant lequel les parties sont tenues de négocier,
  - l'obligation d'assurer un service minimum pour certaines catégories des salariés (par exemple le personnel de la télévision publique, le personnel des transports terrestres réguliers de voyageurs...).

La grève ne rompt pas le contrat de travail sauf faute lourde, imputable au salarié.

La faute lourde du salarié (violences, dégradations, entrave à la liberté du travail, séquestration, participation à une grève illicite...) constitue un motif légitime de licenciement sans préavis, ni indemnités. L'employeur doit cependant respecter la procédure de licenciement.

À l'issue de la grève, le salarié retrouve son emploi. Il est interdit de licencier ou de sanctionner un salarié en raison de l'exercice normal du droit de grève. Sauf faute lourde, le licenciement d'un gréviste est nul. Il peut donc demander sa réintégration en référé prud'homal.

Aucune discrimination en matière de rémunération et d'avantages sociaux n'est autorisée à l'occasion de l'exercice du droit de grève.

La grève dispense l'employeur de l'obligation de verser le salaire correspondant aux heures de grève aux grévistes. Il est par contre tenu de le verser aux salariés non-grévistes, sauf en cas de force majeure : la grève le mettant dans l'impossibilité de fournir un travail aux non-grévistes (ceux-ci peuvent intenter une action en paiement devant le conseil de prud'hommes contre les grévistes ou les responsables de la grève).

Les primes d'assiduité sont admises par la jurisprudence si dans les modalités d'attribution aucune distinction n'est faite quant à l'origine de l'absence du salarié (grève, maladie...).

Il existe différents types de grève, certaines licites d'autres non :

La grève nationale	Elle a lieu à l'initiative d'une ou plusieurs organisations syndicales nationales.	licite
La grève politique	Elle a pour but de protester contre les décisions gouvernementales sans rapport avec les intérêts professionnels.	illicite

La grève d'avertissement	Elle consiste à effectuer des débrayages de courte durée et répétés, sans volonté d'aboutir à la désorganisation de l'entreprise.	licite
La grève perlée	Elle consiste pour les salariés grévistes à exécuter leur travail au ralenti ou dans des conditions volontairement défectueuses.	illicite
La grève du zèle	Elle consiste à exécuter le travail en appliquant à la lettre tous les règlements, afin d'en ralentir le plus possible l'exécution.	licite
La grève tournante	Elle affecte successivement différents secteurs de l'entreprise sans volonté d'aboutir à la désorganisation de l'entreprise (interdite dans le secteur public).	licite
La grève surprise ou la grève sauvage	Elle est déclenchée spontanément à la base sans que les organisations syndicales en soient à l'origine.	licite
La grève avec occupation des locaux	Elle s'accompagne de l'occupation des locaux et éventuellement de piquets de grève destinés à dissuader les non-grévistes de travailler. L'employeur peut saisir le juge des référés (le président du tribunal de grande instance) pour obtenir une ordonnance d'expulsion.	illicite le plus souvent
La grève de solidarité	Elle a pour but de soutenir les revendications d'autres salariés de l'entreprise ou des salariés d'autres entreprises.	licite
La grève d'autosatisfaction	Elle consiste pour les salariés grévistes à faire grève en autosatisfaisant leur revendication (faire grève le samedi pour obtenir la fermeture de l'entreprise le samedi).	illicite

2 Le lock-out

Le lock-out est la ***fermeture temporaire de l'entreprise à l'initiative de l'employeur en réponse à un conflit collectif de travail existant ou imminent***.

Le lock-out suspend le contrat de travail. Il peut être :

– *licite*, si l'employeur peut justifier de l'impossibilité absolue de faire fonctionner l'entreprise :
  - soit en raison d'une grève désorganisant l'entreprise,
  - soit pour des raisons de sécurité ;

– *illicite*, s'il constitue une mesure préventive ou une mesure de rétorsion à l'occasion d'un conflit. Dans ce cas, l'employeur doit verser les salaires aux salariés.

La fermeture de l'entreprise pour des difficultés extérieures (coupures de courant, grève des transports...) ne constitue pas un lock-out si les heures perdues donnent lieu à récupération.

3 Le règlement des conflits collectifs

Pour tenter de résoudre les conflits collectifs, la loi prévoit 3 procédures :

La conciliation	À l'initiative de l'une des parties, du ministre du Travail, du préfet… ou prévue par la convention collective sans pour autant être un préalable à la grève. La commission de conciliation, constituée de représentants des organisations des salariés et des employeurs (nombre égal) et de représentants des pouvoirs publics établit un procès-verbal d'accord ou de désaccord partiel ou total.
La médiation	À l'initiative du président de la commission de conciliation ou du ministre du Travail à la demande ou non des parties. Le médiateur dispose d'un mois pour remettre des propositions. Les parties ont 8 jours pour accepter ou rejeter les propositions.
L'arbitrage	Si les parties le décident d'un commun accord ou si la convention collective le prévoit. L'arbitre, choisi par les parties, prononce une sentence arbitrale motivée et obligatoire aux parties (recours devant la cour supérieure d'arbitrage).

Ces procédures sont rarement utilisées.

Le régime général de la Sécurité sociale

Chapitre 18

Le régime général de la Sécurité sociale est un ensemble d'institutions destiné à garantir aux salariés et à leurs familles ainsi qu'aux non-salariés une couverture contre les risques sociaux entraînant une diminution des ressources et/ou un accroissement des dépenses.

1 L'organisation du régime général de la Sécurité sociale

Organigramme du régime général de la Sécurité sociale

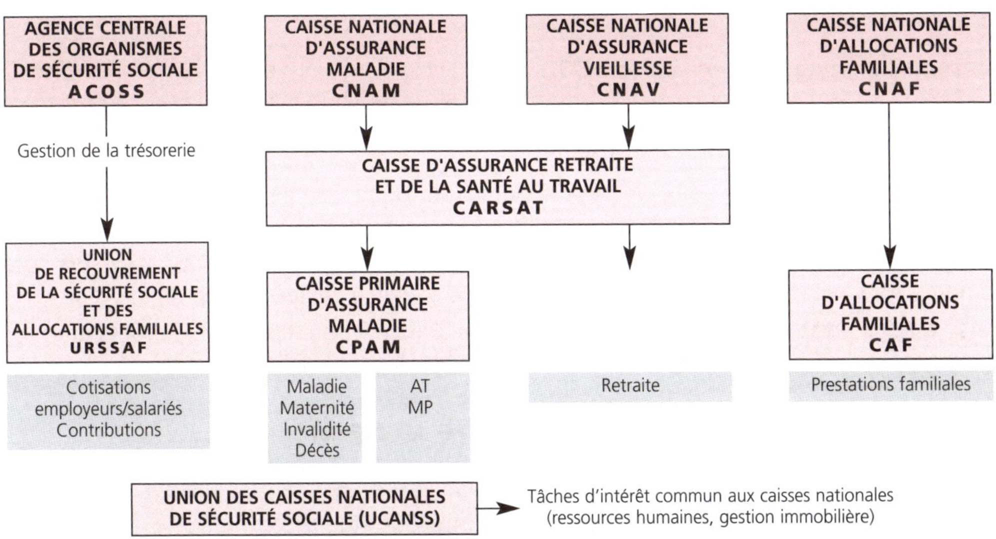

Le financement du régime général de la Sécurité sociale

La Sécurité sociale est financée de façon distincte selon les caisses et le risque couvert par :

– ***des cotisations versées par les salariés et/ou les employeurs*** calculées en pourcentage du salaire brut dans la limite – ou non – d'un salaire plafonné fixé au 1er janvier de chaque année. Le plafond mensuel de la Sécurité sociale (PMSS) est fixé à 3 428 € au 1er janvier 2020 ;

Taux des cotisations de Sécurité sociale du régime général au 1er janvier 2020

Cotisations	Salaire plafonné		Totalité du salaire	
	Employeur	Salarié	Employeur	Salarié
Maladie, maternité, invalidité, décès	–	–	13,00 %[1]	–
Contribution solidarité autonomie	–	–	0,30 %	–
Vieillesse	8,55 %	6,90 %	1,90 %	0,40 %
Allocations familiales	–	–	5,25 %[2]	–
Fonds national d'aide au logement (FNAL) :				
– entreprises de moins de 50 salariés	0,10 %	–	–	–
– entreprises de 50 salariés et plus	–	–	0,50 %	–
Accident du travail (taux moyen)	–	–	2,21 %	–

1. 7 % pour les salaires n'excédant pas 2,5 SMIC.
2. 3,45 % pour les salaires n'excédant pas 3,5 SMIC calculé sur un an.

– ***la contribution sociale généralisée (CSG)*** sur l'ensemble des revenus (9,2 % des revenus salariaux, 6,2 % ou 8,3% des revenus de remplacement et 9,9 % des revenus du patrimoine et de placement).

L'affiliation et l'immatriculation

L'affiliation est obligatoire pour tous les salariés relevant du régime général quels que soient leur âge, leur nationalité, le montant et la nature de leur rémunération.

L'immatriculation est l'opération administrative au terme de laquelle on attribue à l'assuré social un numéro de Sécurité sociale. Elle est faite lors de la première embauche par l'employeur.

L'assuré est la personne immatriculée qui cotise (actif, chômeur ou retraité). Les ayants droit sont les personnes à la charge de l'assuré (conjoint, concubin, pacsé, enfants à charge...).

2 Les prestations de la branche maladie

La branche maladie de la Sécurité sociale couvre différents risques : la maladie, la maternité, l'accident du travail et la maladie professionnelle, l'invalidité et le décès.

Les prestations en cas de maladie	
Prestations en nature	Remboursement total ou partiel des dépenses médicales, para-médicales et des frais d'hospitalisation (bénéficiaires : l'assuré et ses ayants droit).
Prestations en espèces ou Indemnités journalières (IJ) Délai de carence : 3 jours	Compensation partielle de la perte de salaire due à l'arrêt de travail (IJ : 50 % du salaire journalier de base, égal à 1/91,25 des salaires des 3 mois précédant l'arrêt plafonnés à 1,8 SMIC). L'assuré avise la caisse et son employeur dans les 2 jours par un arrêt de travail. L'employeur verse une indemnité complémentaire au salarié ayant au moins un an d'ancienneté. Elle est versée à partir du 8e jour de l'arrêt (180 jours au maximum).
Les prestations en cas de maternité	
Prestations en nature	Remboursement à 100 % du tarif agréé de tous les frais médicaux, pharmaceutiques et d'hospitalisation relatifs ou non à la grossesse et à l'accouchement. La période d'assurance maternité débute 4 mois avant la date présumée de l'accouchement et se termine 12 jours après l'accouchement. La femme enceinte bénéficie d'une protection médicale particulière et obligatoire ; il en est de même pour l'enfant jusqu'à l'âge de 6 ans.
Prestations en espèces Pas de délai de carence	Compensation de la perte de salaire de l'assurée pendant le congé maternité et de l'assuré pendant le congé de paternité (IJ : salaire net journalier de base dans la limite du plafond diminué d'un taux de cotisation forfaitaire de 21 %). Elles sont versées en cas d'adoption à la mère ou au père adoptif.
Les prestations en cas d'accident du travail ou de maladie professionnelle	
Accident du travail (AT)	Accident survenu par le fait ou à l'occasion du travail et ce quelle qu'en soit la cause. L'accident de trajet est assimilé à l'accident du travail. Le salarié victime d'un AT prévient l'employeur dans les 24 h suivant l'accident. L'employeur le déclare dans les 48 h à la CPAM dont relève la victime. Il délivre à la victime une feuille d'accident et, en cas d'arrêt de travail, il transmet une attestation de salaire concernant le salarié accidenté à la CPAM.
Maladie professionnelle (MP)	Maladie due à une action lente et prolongée de certains agents nocifs avec lesquels le salarié a été en contact pendant le travail. Le salarié victime d'une MP en fait la déclaration à la CPAM dans les 15 jours suivant la cessation du travail. Il fournit l'attestation de salaire établie par l'employeur et les certificats médicaux délivrés par le médecin. La CPAM lui remet une feuille d'accident.
Prestations en nature	Droit à la prise en charge à 100 % pour les dépenses nécessaires à son traitement et ce jusqu'à la guérison ou la consolidation. Il n'a pas à faire l'avance des frais.
Prestations en espèces Pas de délai de carence	Compensation partielle de la perte de salaire due à l'arrêt de travail (IJ : 60 % du salaire journalier de base égal à 1/30,42 du salaire du mois précédant l'arrêt de travail diminué d'un taux de cotisation forfaitaire de 21 % dans la limite de 0,834 % du plafond annuel de Sécurité sociale pour les 28 premiers jours puis 80 %).
Rente	Droit à une rente s'il garde des séquelles (la consolidation) entraînant une incapacité permanente, partielle ou totale, de travail.

Les prestations en cas d'invalidité	
Prestations en espèces	Assurer un revenu de remplacement à un assuré présentant une invalidité réduisant au moins des 2/3 sa capacité de travail ou de gain.
Les prestations en cas de décès	
Prestations en espèces	Assurer un revenu de remplacement à un assuré présentant une invalidité réduisant au moins des 2/3 sa capacité de travail ou de gain.

3 Les prestations de la branche vieillesse

L'assurance vieillesse assure des ressources – la pension vieillesse – à l'assuré qui ayant atteint l'âge légal de départ à la retraite ne désire plus exercer son activité professionnelle. Le départ en retraite est un droit mais non une obligation.

L'âge légal de départ à la retraite dépend de la date de naissance de l'assuré :

– pour les assurés nés avant le 1er juillet 1951 : ***60 ans*** ;

– assuré né entre le 1er juillet 1951 et le 31 décembre 1954, l'âge légal de départ à la retraite est progressivement augmenté :

- assurés nés entre le 1er juillet 1951 et le 31 décembre 1951 : 4 mois supplémentaires,
- assurés nés entre le 1er janvier 1952 et le 31 décembre 1954 : 5 mois supplémentaires pour chaque génération ;

– pour les assurés nés à compter du 1er janvier 1955 : ***62 ans***.

L'assuré bénéficie d'une retraite à taux plein à l'âge légal de départ à la retraite s'il justifie avoir cotisé le nombre de trimestres requis. La durée de cotisations fixée à 160 trimestres pour les assurés nés en 1948 et avant est majorée d'un trimestre par génération pour atteindre 164 trimestres pour les assurés nés en 1952. Fixée à 165 trimestres pour ceux nés en 1953 et 1954, puis à 166 trimestres pour les assurés nés en 1955, 1956 et 1957, elle augmentera ensuite, pour les assurés nés à compter du 1er janvier 1958, d'un trimestre toutes les 3 générations pour atteindre 172 trimestres (43 ans) pour les assurés nés en 1973 et après.

Pour les assurés nés à partir du 1er juillet 1951, ***l'âge d'attribution du taux plein correspond à l'âge légal de départ en retraite augmenté de 5 ans***.

La demande de liquidation de la pension est faite auprès de la CARSAT du lieu de résidence de l'assuré. Le salarié doit cesser toute activité salariée chez son employeur.

Le point de départ de la pension est fixé au premier jour du mois choisi par l'assuré.

Le montant annuel de la pension vieillesse est déterminé par la formule suivante :

$$Pv = T \times SAM \times \frac{D}{d}$$

Pv : pension vieillesse annuelle
T : taux de la pension (taux plein 50 %)
SAM : salaire annuel moyen brut (25 meilleures années)
D : durée d'assurance au régime général exprimée en trimestres
d : durée maximum d'assurance, exprimée en trimestres, prise en compte pour la détermination du montant de la pension

Le retraité peut, lorsqu'il a eu une carrière complète, cumuler sa pension et un revenu professionnel.

L'assuré qui travaille au-delà de l'âge légal de départ à la retraite tout en justifiant d'une durée d'assurance nécessaire à l'obtention d'une retraite à taux plein, bénéficie d'une majoration de sa pension (la surcote) de 1,25 % pour chaque trimestre accompli, soit 5 % par an.

Le départ anticipé en retraite à taux plein est possible :

- ***dès l'âge de 60 ans pour tout salarié frappé d'un taux d'incapacité d'origine professionnelle d'au moins 20 %*** (sur avis favorable d'une commission si ce taux est compris entre 10 et 20 %) ;
- ***dès l'âge de 60 ans ou avant l'âge de 60 ans pour tout salarié ayant effectué une longue carrière*** : avoir travaillé avant ses 20 ans, justifier d'au moins 5 trimestres cotisés avant ses 16 ans, 17 ans ou 20 ans et justifier de la durée d'assurance cotisée nécessaire pour le taux plein (majorée de 4 ou 8 trimestres pour un départ avant l'âge de 60 ans). Certains trimestres non travaillés sont réputés avoir donné lieu à cotisation (chômage, maladie, maternité...). Le départ devient possible dès que le salarié remplit toutes les conditions ;
- ***dès l'âge de 55 ans pour tout salarié handicapé*** s'il justifie d'une durée d'assurance minimale (dont une part minimale a donné lieu à cotisations à sa charge) et d'un ***taux d'incapacité permanent de 50 %*** pendant ces périodes. L'assuré handicapé justifiant d'un taux d'incapacité permanent de 50 % peut liquider sa pension à taux plein dès l'âge légal d'ouverture des droits à la retraite.

La retraite progressive permet à un assuré de poursuivre une activité professionnelle à temps partiel auprès de son employeur tout en faisant liquider une partie de sa pension de retraite. Il continue à acquérir des droits lui permettant d'obtenir une seconde liquidation de pension. L'assuré doit remplir les trois conditions cumulatives suivantes :

- avoir atteint l'âge légal de départ à la retraite diminué de 2 ans, sans pouvoir être inférieur à 60 ans ;
- justifier d'une durée d'assurance et de périodes reconnues équivalentes (actuellement 150 trimestres) ;
- exercer une activité professionnelle à temps partiel (comprise entre 80 % et 40 %).

Tout salarié exposé à un ou plusieurs des facteurs de risques professionnels acquiert des points (1 ou 2 points par trimestre d'exposition) ***qui figurent sur son compte professionnel***

de prévention (C2P). Les points pourront être utilisés, en tout ou partie, à une ou plusieurs des 3 utilisations suivantes :

– participer au financement d'une formation pour une reconversion dans un emploi moins pénible ;

– assurer un complément de rémunération lors d'un passage à temps partiel en fin de carrière ;

– acquérir des trimestres de retraite permettant d'avancer l'âge de départ à la retraite (jusqu'à 2 ans).

4 Les prestations de la branche familiale

Les prestations familiales représentent une participation de la collectivité nationale aux charges occasionnées par la présence d'un ou plusieurs enfants dans une famille. Les conditions générales d'attribution des prestations à l'allocataire sont : résider en France, assumer la charge effective et permanente de l'enfant et ne pas dépasser un plafond de ressources pour certaines allocations.

Les prestations familiales	
Les allocations familiales	L'allocation d'éducation de l'enfant handicapé
Le complément familial	L'allocation de soutien familial
La prestation d'accueil du jeune enfant	L'allocation de rentrée scolaire
L'allocation journalière de présence parentale	L'allocation de logement

5 La protection universelle maladie (PUMA)

La protection universelle maladie (PUMA) assure à toute personne travaillant ou résidant en France de façon stable et régulière de bénéficier de la prise en charge de ses frais de santé (maladie et maternité) en garantissant son affiliation au régime général de la Sécurité sociale.

6 Le revenu de solidarité active (RSA)

Le revenu de solidarité active (RSA) assure à toute personne sans ressources ou disposant de faibles ressources un niveau minimum de revenu. Son montant est variable selon la composition du foyer.

7 La prime d'activité (PA)

La prime d'activité (PA) est destinée à favoriser l'exercice ou la reprise d'une activité professionnelle. Elle est versée à toute personne en activité (salarié ou travailleur indépendant) percevant moins de 1,5 SMIC. Son montant varie selon la composition du foyer.

La prévoyance complémentaire et la retraite complémentaire

Chapitre 19

La prévoyance complémentaire est destinée à offrir aux salariés une couverture complémentaire à celle des régimes obligatoires de Sécurité sociale. La retraite complémentaire a pour but d'assurer aux salariés un complément de ressources qui s'ajoute à la pension vieillesse du régime général.

1 La prévoyance complémentaire

■ La complémentaire frais de santé

La couverture complémentaire frais de santé doit comporter le panier de soins minimal qui comprend la prise en charge totale ou partielle des dépenses suivantes :

- la participation de l'assuré aux dépenses de santé, à savoir le ticket modérateur ;
- le forfait journalier hospitalier ;
- une prise en charge renforcée des soins dentaires prothétiques, des dépenses d'optique médicale et des aides auditives dans des limites fixées par décret.

L'employeur assure au minimum la moitié du financement de cette couverture.

Tous les salariés bénéficient d'une couverture complémentaire frais de santé. Elle peut être mise en place par une négociation de branche, par une négociation d'entreprise dans le cadre de la négociation annuelle sur l'égalité professionnelle entre les femmes et les hommes et la qualité de vie au travail ou par une décision unilatérale de l'employeur dès lors que ses salariés ne bénéficient pas d'une telle couverture.

L'employeur finance au moins 50 % de la couverture complémentaire quel que soit le niveau des garanties proposées.

La complémentaire prévoyance

La complémentaire prévoyance couvre :

– le risque de décès ;

– les risques portant atteinte à l'intégrité physique de la personne ou liés à la maternité ;

– les risques d'incapacité de travail ou d'invalidité.

Elle peut être mise en place par convention ou accord collectif, à la suite de la ratification à la majorité des intéressés d'un projet d'accord proposé par l'employeur ou par une décision unilatérale de l'employeur constatée dans un écrit remis par celui-ci à chaque intéressé.

Les organismes assureurs

Les institutions de prévoyance	Organismes de droit privé, elles sont gérées paritairement. Chaque conseil d'administration doit être composé pour moitié de représentants employeurs et pour moitié de représentants soit du CE si l'institution de prévoyance est créée dans le cadre d'une entreprise ou de plusieurs entreprises, soit de salariés ou retraités.
Les sociétés mutualistes	Groupements de personnes à but non lucratif, elles ont des compétences territoriales ou professionnelles déterminées. Elles peuvent se regrouper en unions et fédérations. Dans le cadre de la prévoyance collective, la société mutualiste est gérée paritairement comme l'institution de prévoyance.
Les compagnies d'assurance	Organismes de droit privé, soumis au Code des assurances, elles peuvent participer à la prévoyance dans le cadre des contrats d'assurance de groupe au profit d'un ensemble de personnes présentant des caractères communs et relevant des mêmes conditions techniques pour la couverture d'un ou plusieurs risques.

Le choix de l'organisme assureur de la complémentaire frais de santé ou de la complémentaire prévoyance est précédé d'une mise en concurrence préalable des différents organismes concernés. Les branches professionnelles peuvent recommander à leurs entreprises un ou plusieurs organismes assureurs pour la protection sociale de leurs salariés.

La portabilité des garanties santé et prévoyance

Les salariés, garantis collectivement par une complémentaire frais de santé et prévoyance, bénéficient du ***maintien à titre gratuit de cette couverture en cas de cessation du contrat de travail***, non consécutive à une faute lourde, ouvrant droit à la prise en charge par le régime d'assurance chômage. La portabilité s'applique pendant la période d'indemnisation du chômage, dans la limite de la durée du dernier contrat de travail, sans pouvoir excéder 12 mois.

L'employeur signale le maintien de ces garanties dans le certificat de travail et informe l'organisme assureur de la cessation du contrat de travail.

2 La retraite complémentaire

La retraite complémentaire a pour but d'assurer un complément de ressources qui s'ajoute à la pension vieillesse du régime général.

Les 2 régimes de retraite complémentaire, le régime des non-cadres : l'Association pour le régime de retraite complémentaire des salariés (ARRCO) et le régime des cadres : l'Association générale des institutions de retraite des cadres (AGIRC), ***ont fusionné*** au 1er janvier 2019 ***en un seul régime commun à tous les salariés du privé, dénommé le régime AGIRC-ARRCO de retraite complémentaire***. Créé par un accord national interprofessionnel, le conseil d'administration de ce régime est géré paritairement par des représentants des salariés et des employeurs.

L'affiliation au régime AGIRC-ARRCO est obligatoire pour tout salarié assujetti à l'assurance vieillesse du régime général.

Le financement du régime est assuré par une cotisation à la charge de l'employeur et du salarié. La répartition de la cotisation la plus fréquente est de 60 % pour l'employeur et de 40 % pour le salarié. Les taux de cotisation de retraite complémentaire (les taux contractuels) sont affectés d'un taux d'appel fixé à 127 %. Ce taux d'appel est destiné à accorder un surplus de financement au régime de retraite. Les 27 % excédentaires sont non-productifs de points de retraite.

Une contribution d'équilibre général (CEG) est créée. Elle est destinée à compenser les charges résultant des départs à la retraite avant 67 ans.

Une contribution d'équilibre technique (CET) est créée. Elle s'applique à tous les salariés dont le salaire est supérieur au plafond mensuel de la Sécurité sociale (PMSS).

Taux des cotisations du régime AGIRC-ARRCO au 1er janvier 2020

Plafond pour le calcul des cotisations	Employeur	Salarié
Cotisation retraite complémentaire :		
• tranche 1 : de 0 à 1 PMSS[1]	4,72 %	3,15 %
• tranche 2 : de 1 PMSS à 8 PMSS	12,95 %	8,64 %
Contribution d'équilibre général (CEG) :		
• tranche 1 : de 0 à 1 PMSS	1,29 %	0,86 %
• tranche 2 : de 1 PMSS à 8 PMSS	1,62 %	1,08 %
Contribution d'équilibre technique (CET) :		
• tranche 1 et 2 : de 0 à 8 PMSS	0,21 %	0,14 %

1. PMSS : plafond mensuel de la Sécurité sociale.

Le régime AGIRC-ARRCO de retraite complémentaire est un ***régime de répartition***, les cotisations encaissées dans l'année sont utilisées pour servir les retraites de la même année.

La demande de liquidation de la retraite complémentaire peut être faite *dès l'âge légal de départ à la retraite fixé par le régime général de la Sécurité sociale si l'assuré justifie de la durée d'assurance qui permet d'obtenir dans le régime général une pension vieillesse à taux plein et a fait liquider cette pension*. Il en est de même pour l'assuré bénéficiant d'un départ anticipé en retraite. La liquidation de la retraite avant l'âge légal de départ à la retraite ou sans remplir les conditions pour bénéficier d'une retraite à taux plein entraîne une minoration (abattement) définitive du montant de la retraite complémentaire.

À partir du 1er janvier 2019, tout salarié né en 1957 ou après cette date et qui remplit les conditions pour obtenir une retraite du régime de base au taux plein est concerné par les dispositions suivantes :

- *une minoration de 10 % de la retraite complémentaire pendant les 3 premières années de la retraite et au maximum jusqu'à 67 ans*, en application d'un coefficient de solidarité. Cette minoration ne s'applique pas au retraité handicapé, au retraité au titre de l'inaptitude, au retraité exonéré de la CSG, et en cas d'exonératon partielle, la minoration est réduite à 5 % ;
- *aucune minoration de la retraite complémentaire si le salarié décale son départ à la retraite d'un an au-delà des conditions d'obtention du taux plein* ;
- *une majoration de la retraite complémentaire de 10 %, 20 % ou 30 % pendant un an si le salarié décale son départ à la retraite au-delà des conditions d'obtention du taux plein respectivement de 2 ans, 3 ans ou 4 ans*. Ce décalage permet de générer des points de retraite supplémentaires ainsi qu'une surcôte au régime de base.

Le nombre de points acquis par le salarié au cours d'une année est obtenu en divisant le montant des cotisations versées par le salaire de référence (il représente le prix d'achat du point pour une année donnée ; il est fixé par le régime AGIRC-ARRCO).

Le montant de la retraite annuelle est calculé en multipliant le nombre de points acquis par la valeur du point de retraite en vigueur au moment de la liquidation. La valeur du point de retraite complémentaire est fixée chaque année par le régime de retraite complémentaire. Le montant de la retraite complémentaire représente environ 30 % du salaire. Des majorations familiales sont accordées pour l'assuré ayant des enfants à charge ou ayant élevé au moins 3 enfants à sa charge ou à celle de son conjoint pendant 9 ans avant leur 16e anniversaire.

Une pension de reversion est prévue pour le conjoint survivant dès l'âge de 55 ans. Son montant ne peut excéder 60 % de la retraite complémentaire de l'asssuré décédé.

L'employeur doit constituer une couverture décès minimum pour ses cadres par le versement d'une cotisation uniquement à sa charge. Le taux de la cotisation est de 1,50 % sur la tranche 1. Le montant du capital décès varie en fonction du contrat souscrit par l'entreprise auprès de l'organisme d'assurance ou auprès de l'institution de retraite.

Le chômage

Chapitre 20

L'assurance chômage verse à tout salarié involontairement privé d'emploi une allocation pendant une durée déterminée en contrepartie de ses efforts de recherche d'emploi. Un régime de solidarité, à la charge de l'État, verse un revenu de remplacement aux personnes se trouvant dans des situations particulières.

1 Le régime d'assurance chômage

Le régime d'assurance chômage est d'origine conventionnelle, il est ***géré paritairement*** dans le cadre de l'Union nationale interprofessionnelle pour l'emploi dans l'industrie et le commerce (UNEDIC). Sa gestion est confiée, par les partenaires sociaux, à Pôle emploi (*cf.* p. 56).

Chaque accord est négocié pour une durée de 2 ou 3 ans, il doit ensuite être agréé. Préalablement à la négociation d'un nouvel accord et après concertation avec les organisations représentatives des salariés et des employeurs, le Premier ministre transmet à ces organisations un document de cadrage qui précise les objectifs de la négociation en ce qui concerne la trajectoire financière, le délai dans lequel elle doit aboutir et, le cas échéant, les objectifs d'évolution des règles du régime d'assurance chômage. En l'absence d'accord ou d'agrément, les modalités sont fixées par décret.

Le taux de la cotisation patronale est fixé à 4,05 % appliqué sur le salaire brut du salarié dans la limite de 4 fois le plafond mensuel de la Sécurité sociale (PMSS).

Depuis le 1er janvier 2020, tout employeur est soumis à une taxe forfaitaire de 10 € pour chaque CDD d'usage qu'il conclut. La taxe est due à la date de conclusion du contrat.

Les droits et les devoirs du demandeur d'emploi

Le demandeur d'emploi immédiatement disponible pour occuper un emploi est orienté et accompagné dans sa recherche d'emploi par Pôle emploi. Il est tenu de participer à la définition et à l'actualisation du projet personnalisé d'accès à l'emploi (PPAE), d'accomplir des actes positifs et répétés de recherche d'emploi et d'accepter les offres raisonnables d'emploi.

a) Le projet personnalisé d'accès à l'emploi (PPAE)

Un projet personnalisé d'accès à l'emploi (PPAE) est élaboré et actualisé conjointement par le demandeur d'emploi et Pôle emploi. Ce projet :

- ***précise***, en tenant compte de la formation du demandeur d'emploi, de ses qualifications, de ses connaissances et compétences acquises au cours de ses expériences professionnelles, de sa situation personnelle et familiale ainsi que de la situation du marché du travail local, ***la nature et les caractéristiques de l'emploi ou des emplois recherchés, la zone géographique privilégiée et le niveau de salaire attendu***. Il intègre le cas échéant le projet de reconversion professionnelle ;
- ***retrace les actions que Pôle emploi s'engage à mettre en œuvre*** dans le cadre du service public de l'emploi, notamment en matière d'accompagnement et, le cas échéant, de formation et d'aide à la mobilité.

La notification du PPAE adressée au demandeur d'emploi précise ses droits concernant l'acceptation ou le refus des offres raisonnables d'emploi qui lui sont soumises et, notamment, les voies et les délais de recours en cas de sanction de Pôle emploi.

b) L'offre raisonnable d'emploi (ORE)

La nature et les caractéristiques de l'emploi ou des emplois recherchés, la zone géographique privilégiée et le salaire attendu, tels que mentionnés dans le PPAE, sont constitutifs de l'offre raisonnable d'emploi (ORE). Lors de l'actualisation périodique du PPAE, les éléments constitutifs de l'ORE sont révisés, notamment pour accroître les perspectives de retour à l'emploi.

Les dispositions définissant l'ORE ne peuvent obliger le demandeur d'emploi à accepter :

- un niveau de salaire inférieur au salaire normalement pratiqué dans la région et pour la profession concernée, sans préjudice des autres dispositions légales et conventionnelles en vigueur, notamment celles relatives au SMIC ;
- un emploi à temps partiel, lorsque le PPAE prévoit que l'emploi recherché est à temps complet ;
- un emploi qui ne soit pas compatible avec ses qualifications et ses compétences professionnelles.

c) Le contrôle de la recherche d'emploi et les sanctions

Tout demandeur d'emploi est tenu d'accomplir de manière permanente des actes positifs et répétés en vue de retrouver un emploi, de créer ou reprendre une entreprise. Faute de quoi, il s'expose :

– soit à une réduction de 20 % ou 50 % pendant de 2 à 6 mois de son allocation de chômage, à sa suspension pendant 2 à 6 mois ou à sa suppression. La mesure est prononcée par Pôle emploi ;
– soit à une radiation de la liste des demandeurs d'emploi pendant une durée qui peut aller de 15 jours à 12 mois. La radiation est prononcée par Pôle emploi.

Est radiée de la liste des demandeurs d'emploi la personne qui :

– soit, ne peut justifier de l'accomplissement d'actes positifs et répétés en vue de retrouver un emploi, de créer, reprendre ou développer une entreprise ;
– soit, sans motif légitime, refuse à 2 reprises une ORE ;
– soit, sans motif légitime :
  • refuse d'élaborer ou d'actualiser le PPAE,
  • est absente à une action de formation ou abandonne celle-ci,
  • est absente à un rendez-vous avec les services et organismes assurant le service public de l'emploi ou mandatés par ces services ou organismes,
  • refuse de se soumettre à une visite médicale destinée à vérifier son aptitude au travail ou à certains types d'emploi,
  • ne peut justifier, sans motif légitime, de la réalité des démarches dans le cadre de son projet de reconversion professionnelle,
– soit, a fait de fausses déclarations pour être ou demeurer inscrite sur cette liste.

■ *L'allocation d'aide au retour à l'emploi (ARE)*

Les conditions d'attribution de l'allocation d'aide au retour à l'emploi (ARE) sont :

– ***n'avoir pas quitté volontairement son dernier emploi*** (licenciement, rupture conventionnelle, rupture conventionnelle collective, fin de CDD, rupture anticipée de CDD par l'employeur ou démission légitime) ou avoir quitté volontairement son dernier emploi dès lors que la période d'essai de celui-ci est inférieure à 91 jours. Le salarié qui a quitté volontairement son emploi depuis au moins 121 jours peut bénéficer de l'ARE s'il justifie de ses recherches actives d'emploi ;
– ***être inscrit comme demandeur d'emploi*** ou accomplir une action de formation inscrite dans le projet personnalisé d'accès à l'emploi (PPAE) ;

- *justifier d'une période d'affiliation préalable à la rupture du contrat* ;
- *accomplir des démarches actives et répétées de recherche d'emploi* ;
- *ne pas avoir atteint l'âge légal de départ à la retraite* (*cf.* chapitre 18) ; toutefois, la personne qui, à cet âge, ne justifie pas du nombre de trimestres d'assurance vieillesse requis pour percevoir une pension à taux plein, peut bénéficier des allocations jusqu'à justification de ce nombre de trimestres et, au plus tard, jusqu'à l'âge lui permettant d'obtenir une retraite à taux plein ;
- *être physiquement apte à l'exercice d'un emploi*.

La durée d'indemnisation varie en fonction de la durée d'affiliation préalable à l'assurance chômage et de l'âge de l'allocataire.

Durées	Âge de l'allocataire		
	Moins de 53 ans	**entre 53 et 55 ans**	**55 ans et plus**
Durée minimale d'affiliation	130 jours travaillés (910 heures travaillées soit 6 mois) au cours		
Période de référence	des 24 derniers mois	des 36 derniers mois	
Durée d'indemnisation	Durée d'indemnisation = nombre de jours travaillés x 1,4		
Durée maximale d'indemnisation	24 mois (730 jours)	30 mois (913 jours)	36 mois (1 095 jours)

Le salarié qui démissionne dans le cadre d'un projet de reconversion professionnelle nécessitant le suivi d'une formation ou d'un projet de création ou d'une reprise d'une entreprise a droit à l'ARE s'il remplit les conditions suivantes :

- *justifier d'au moins 5 années d'activité ininterrompue* ;
- *avoir demandé, préalablement à sa démission, un conseil en évolution professionnelle auprès d'un des opérateurs dédiés* pour élaborer son projet de reconversion ;
- *justifier d'un projet de reconversion professionnelle présentant un caractère réel et sérieux attesté par la commission paritaire interprofessionnelle régionale (CPIR)*.

Le montant journalier de l'allocation est égal à :

- *40,4 % du salaire journalier de référence plus une partie fixe* dont le montant est revalorisé au 1er juillet de chaque année (12 € au 1er juillet 2019);
- *ou à 57 % du salaire journalier de référence*.

La méthode de calcul la plus avantageuse pour l'allocataire est retenue.

Le montant de l'allocation ne peut être ni inférieur à un minimum revalorisé au 1er juillet de chaque année, ni supérieur à 75 % du salaire journalier de référence.

Le salaire de référence pris en considération pour fixer le montant de la partie proportionnelle de l'allocation journalière est établi à partir des rémunérations brutes, soumises à cotisation chômage, des 12 derniers mois civils précédant le dernier jour travaillé et payé (coefficient réducteur pour le travailleur saisonnier). Les indemnités de 13e mois, les primes de bilan, les gratifications perçues au cours de cette période ne sont retenues que pour la fraction afférente à ladite période.

Le salaire journalier de référence (sjr) s'obtient en divisant le salaire de référence par le nombre de jours travaillés, dans la période de référence, affecté du coefficient de 1,4 pour la conversion de ce nombre sur une base calendaire.

À compter du 1er avril 2020, le salaire de référence est obtenu à partir des rémunérations correspondant à la période d'affiliation, à savoir les 24 mois précédant le dernier jour travaillé et payé (36 mois pour les salariés âgés d'au moins 53 ans) ***et le salaire journalier de référence (sjr) est obtenu en divisant le total des rémunérations afférentes aux 24 ou 36 mois précédant le dernier jour travaillé et payé par le nombre de jours calendaires déterminé*** à compter du premier jour de la première période d'emploi incluse dans la période de référence jusqu'au terme de cette période de référence.

Le point de départ de l'indemnisation est fixé au lendemain de la fin du contrat de travail (fin du préavis exécuté ou non) augmenté :

- d'un différé d'indemnisation de 7 jours ;
- d'un délai de carence congés payés déterminé à partir du jour correspondant aux indemnités compensatrices de congés payés versées par le dernier employeur ;
- d'un différé d'indemnisation spécifique si le salarié a perçu une indemnité de licenciement supérieure à l'indemnité légale de licenciement. Ce différé spécifique est limité à 150 jours (75 jours pour les salariés ayant perdu leur emploi suite à un licenciement pour motif économique).

Le versement de l'ARE est interrompu à compter du jour où l'allocataire retrouve une activité professionnelle salariée ou non, a épuisé ses droits ou est exclu du revenu de remplacement pour non-application du PPAE. Il est aussi interrompu lorsque l'allocataire perçoit des prestations en espèces versées par la Sécurité sociale ou bénéficie de l'allocation journalière de présence parentale.

L'ARE est affectée, à compter du 7e mois d'indemnisation, d'un coefficient de dégressivité pour tout allocataire âgé de moins de 57 ans à la date de leur fin de contrat qui percevait un revenu mensuel brut moyen supérieur à approximativement 4 500 €. ***Le coefficient de dégressivité est égal à 0,7 appliqué à partir du 183e jour d'indemnisation***, sans que cette réduction puisse porter le montant de l'allocation journalière en dessous d'un seuil revalorisé au 1er juillet de chaque année.

L'exercice d'une activité réduite ou conservée

Le cumul entre le revenu d'activité de reprise en cours d'indemnisation d'une part, et l'ARE d'autre part, est possible tout au long de la période d'indemnisation, quel que soit le volume d'heures travaillées ou le montant de la rémunération issue de l'activité reprise ou conservée. En cas de cumul, le montant de l'ARE mensuelle versée est égal à la différence entre l'ARE mensuelle sans activité et 70 % de la rémunération brute issue de l'activité réduite. Le cumul est plafonné au niveau du salaire antérieur de référence ayant servi au calcul de l'indemnité.

Les droits rechargeables

L'allocataire qui reprend un emploi sans avoir épuisé ses droits à l'ARE cumule les droits acquis au titre de cette nouvelle activité avec les droits antérieurs non utilisés, si la perte de cet emploi n'est pas volontaire. Pour bénéficier de droits rechargeables, l'allocataire doit avoir travaillé au moins 6 mois sur l'ensemble de sa période d'indemnisation. Ces 6 mois peuvent être effectués en plusieurs périodes d'emploi, quelle que soit la durée de ces emplois et le type de contrat de travail. Ces nouveaux droits sont calculés lorsque les droits initiaux sont épuisés.

Les droits des salariés « multi-employeurs »

Lorsqu'un salarié « multi-employeurs » perd un emploi, son ARE est calculé en prenant en compte la durée et le salaire de l'emploi perdu. L'ARE est intégralement cumulable avec le ou les salaires de ses autres emplois. S'il perd un deuxième emploi, son ARE intègre les droits à indemnisation ouverts par la perte du second emploi.

Les droits sociaux des chômeurs

Le chômeur indemnisé conserve sa qualité d'assuré social. Le chômage est pris en compte pour la détermination des droits à la retraite. En cas de décès d'un chômeur indemnisé, Pôle emploi verse à son conjoint une somme égale à 120 fois le montant journalier de l'allocation perçue par le défunt (majoration de 45 fois ce montant par enfant à charge).

L'ARE est assujettie à l'impôt sur le revenu, à la CSG et à la CRDS. Une cotisation de 3 % est aussi prélevée pour financer la retraite complémentaire sur la base du salaire journalier de référence.

2 Le régime de solidarité : l'allocation de solidarité spécifique (ASS)

Le régime de solidarité est entièrement à la charge de l'État qui perçoit une contribution de solidarité à la charge des agents de service public. L'allocation est versée par Pôle emploi.

L'allocation de solidarité spécifique (ASS) est versée à tout chômeur de longue durée ayant épuisé ses droits à l'ARE s'il remplit les conditions suivantes :

– justifier de 5 ans d'activité salariée dans les 10 ans précédant la fin du contrat de travail ayant ouvert les droits aux allocations d'assurance chômage ;

– être à la recherche effective d'un emploi ;

– ne pas dépasser un plafond de ressources ;

– ne pas avoir atteint l'âge légal de départ à la retraite ou l'âge requis pour bénéficier d'une retraite à taux plein s'il ne remplit pas les conditions pour bénéficier d'une retraite à taux plein à l'âge légal de départ à la retaite.

L'ASS est attribuée par période de 6 mois, renouvelables. Elle cesse d'être versée lorsque l'allocataire bénéficie de sa retraite à taux plein.

L'ASS est une allocation différentielle. Le bénéficiaire la perçoit jusqu'à concurrence du plafond.

3 Le régime d'activité partielle

L'activité partielle des salariés a pour objectif de ***permettre à une entreprise de réduire l'horaire de travail en deçà de la durée légale du travail ou de fermer temporairement tout ou partie de l'entreprise plutôt que de procéder à des licenciements***. Les salariés sont placés en position d'activité partielle, après autorisation expresse ou implicite de la DIRECCTE, s'ils subissent une perte de rémunération imputable :

– soit à la fermeture temporaire de tout ou partie de leur entreprise ;

– soit à la réduction de l'horaire de travail en deçà de la durée légale de travail.

Les situations permettant à l'employeur de recourir à l'activité partielle sont les suivantes :

– la conjoncture économique ;

– des difficultés d'approvisionnement en matières premières ou en énergie ;

– un sinistre ou des intempéries de caractère exceptionnel ;

– la transformation, restructuration ou modernisation de l'entreprise ;

– toute autre circonstance de caractère exceptionnel.

En cas de réduction collective de l'horaire de travail, les salariés peuvent être placés en position d'activité partielle individuellement et alternativement. Leur contrat de travail est suspendu pendant les périodes où ils ne sont pas en activité.

Avant la mise en activité partielle effective des salariés, l'employeur doit :

- *consulter le CSE, s'il existe* : la consultation donne lieu à un avis préalable sur la nécessité et les modalités du recours à l'activité partielle ;
- *adresser à la DIRECCTE une demande d'autorisation* : elle précise les motifs justifiant ce recours, sa durée prévisible, le nombre de salariés concernés et la durée du travail habituellement effectuée par eux. Elle est accompagnée de l'avis émis par le CSE. La décision d'acceptation ou de refus motivé est notifié à l'employeur dans un délai de 15 jours à compter de la date de réception de la demande d'autorisation. L'absence de décision dans ce délai vaut acceptation implicite de la demande.

Tout salarié travaillant à temps complet ou à temps partiel, quel que soit le montant de son salaire, peut bénéficier des dispositions concernant l'indemnisation de l'activité partielle.

Le salarié placé en activité partielle reçoit une indemnité horaire, versée par son employeur, correspondant à *70 % de sa rémunération brute antérieure*. Il peut bénéficier, pendant les périodes où il n'est pas en activité, de l'ensemble des actions de formation pouvant être réalisées notamment dans le cadre du plan de formation. Dans ce cas, l'indemnité horaire est portée à 100 % de la rémunération nette antérieure du salarié.

Lorsqu'un salarié, travaillant à temps complet, perçoit au cours d'un mois, à titre de salaire et d'indemnité d'activité partielle, une somme inférieure au SMIC net, il lui est alloué une allocation complémentaire destinée à combler cet écart. Cette allocation est à la charge de l'employeur.

L'employeur perçoit une allocation d'activité partielle financée conjointement par l'État et l'UNEDIC, selon des modalités déterminées par la convention conclue entre l'État et l'UNEDIC. Le taux horaire de l'allocation d'activité partielle est fixé à :

- 7,74 € pour les entreprises de 1 à 250 salariés ;
- 7,23 € pour les entreprises de plus de 250 salariés.

Les heures non travaillées au titre de l'activité partielle font l'objet du versement de l'allocation d'activité partielle dans la limite de la durée légale ou, lorsqu'elle est inférieure, dans la limite de la durée collective du travail ou de celle stipulée au contrat sur la période considérée.

L'allocation d'activité partielle est attribuée dans la limite d'un contingent annuel d'heures indemnisables fixé à 1 000 heures par salarié pour l'ensemble des branches professionnelles. Une autorisation d'activité partielle peut être accordée pour une durée maximum de 6 mois. Elle peut être renouvelée en contrepartie d'engagements spécifiques souscrits par l'employeur.

Cas particulier : les salariés du bâtiment bénéficient d'un régime particulier concernant les arrêts de travail dus aux conditions atmosphériques : le chômage-intempérie.

Achevé d'imprimer en janvier 2020 par la Nouvelle Imprimerie Laballery – 58500 Clamecy
Dépôt légal : janvier 2020 – N° d'impression : 001192 – Imprimé en France